U1014298

全世界无产者，联合起来！

马克思

1844年经济学—哲学手稿

刘丕坤 译

中国出版集团有限公司

研究出版社

出版说明

1843年，马克思在巴黎时，为研究政治经济学问题阅读了大量的资料，做了相应的摘录、批注和评论，他称这些笔记为“巴黎笔记”。1844年，马克思把笔记手稿命名为《神圣家族》的准备材料。1932年，这些手稿以《1844年经济学—哲学手稿》为名而发表。

在《1844年经济学—哲学手稿》中，我们可以看到政治经济学研究对马克思哲学理论内核的深刻影响，同时本书也是马克思研究政治经济学的重要著作之一。

在本书编辑出版过程中，由于年代跨度的问题，有些用词、用字已有很大的变化，但为保证原译稿文字的准确性，我们本着尊重的原则，在尽量不影响读者理解和领会的情况下，除个别明显的错误给予订正之外，其他皆予以保留。有一点要说明的是，原译稿中字下带点的文字，在本书中均改为黑体字。另外由于我们的水平有限，难免有讹误、遗漏之处，敬请读者指正，以便再版时更正。

编　者

2021年4月18日

Karl Marx

《马克思的故居》（版画） 李 庚 作

目　录

1844年经济学—哲学手稿[1]

序　言

‖XXXIX|[2] 我在《德法年鉴》上曾预告要以**黑格尔**法哲学批判的形式对法学和国家学进行批判[3]。当加工整理准备付印的时候，我发觉把仅仅针对思辨的批判同针对各种不同材料本身的批判混合起来是十分不妥当的，因为这样会使阐述受到妨碍并造成理解的困难。此外，需要探讨的题目是如此丰富多采，以致要把这全部材料塞到**一本**著作里去，就只能采用纯警句式的体裁，而这种体裁的叙述又会造成一种任意建立体系的**印象**。因此，我打算相继用几本各自独立的小册子来分别批判法、道德、政治等等，而以一本单独的著作作为结束，来对整体的联系、各个部分的关系加以阐明，最后，再对这一切材料的思辨加工进行批判[4]。基于这个理由，关于国民经济学同国家、法、道德、市民生活等等的关系，本书只在国民经济学本身所ex professo[份内]应该涉及的范围内加以涉及。

对于熟悉国民经济学的读者，我用不着再来保证，我的结论是在对国民经济学的认真的批判研究的基础上，通过完全经验的分析得出的。

〈与此相反，不学无术的批评家[5]则用“**乌托邦式的**词句”，或“完全纯粹的、完全彻底的、完全批判的批判”、“不仅是法的，而且是社会的、完全社会的社会”、“密麻麻的群众性的群众”、“替群众性的群众代言的代言人”等等一类空话，来迎头痛击实证的批判者，以掩饰自己的极端无知和思想贫乏。像这样的批评家还需要首先拿出证据来，以证明他除了神学的家事以外还有权过问**世俗的**事务。〉①

不消说，除了法国和英国的社会主义者以外，我还利用了德国社会主义者的著作[6]。但是，德国人在这门科学方面的内容丰富而又富于独创性的著作，除去魏特林的著作以外，只有赫斯收入文集《来自瑞士的二十一印张》中的几篇论文[7]和恩格斯发表在《德法年鉴》上的《国民经济学批判大纲》[8]；而在《德法年鉴》上，我也曾极其概括地提示过本书的要点[9]。

〈除了这些批判地研究国民经济学的作家以外，一般的实证的批判，从而德国人对国民经济学的实证的批判，是全赖**费尔巴哈**的发现给它打下真正的基础的。然而，有些人出于小气的嫉妒，另一些人出于真正的愤怒，显然对费尔巴哈的《**未来哲学**》和收入《轶文集》中的《哲学改造纲要》[10]——尽管这两部著作被偷偷地利用

---

① 尖括号中的话在手稿中都是划去了的。——编者注

着——策划了一个蓄意使它们**湮没无闻**的真正阴谋。〉

实证的人本主义和自然主义的批判是从**费尔巴哈**才开始的。[11] **费尔巴哈的**著作越是无声无息，这些著作的影响就越是实在、深刻、广泛而持久；他的著作是继黑格尔的《现象学》和《逻辑学》之后包含着真正理论革命的唯一著作。

依我看来，本书的最后一章——对**黑格尔的辩证法**和一般哲学的批判分析，跟当今**批判的神学家**的意见相反，是完全必要的，[因为]①‖XL｜这样的工作还没有完成。他们必然是**不彻底的**，因为即使是**批判的**神学家也毕竟是**神学家**，从而他或者不得不从作为权威的一定哲学前提出发，或者在批判的过程中和由于别人的发现而对这些哲学前提发生怀疑，于是便怯懦地、不正当地抛弃、**撇开**这些前提，而他在这些前提面前的奴颜婢膝以及他对这种奴颜婢膝的懊恼，现在则只是以一种消极的、无意识的、诡辩的方式表现出来。

〈所以说只是消极地和无意识地表现出来，是由于他或者不断地反复保证他自己的批判的**纯粹性**，或者为了使读者和自己本身看不到对**批判**及其诞生地——**黑格尔**辩证法和一般德国哲学——进行论辩的**必要性**，看不到现代批判超越它自身的局限性和自发性的必要性，而企图造成一种假象，仿佛批判所要对付的只是自己之

① 正文中方括号里的字是译者为了便于理解加上去的。——译者注

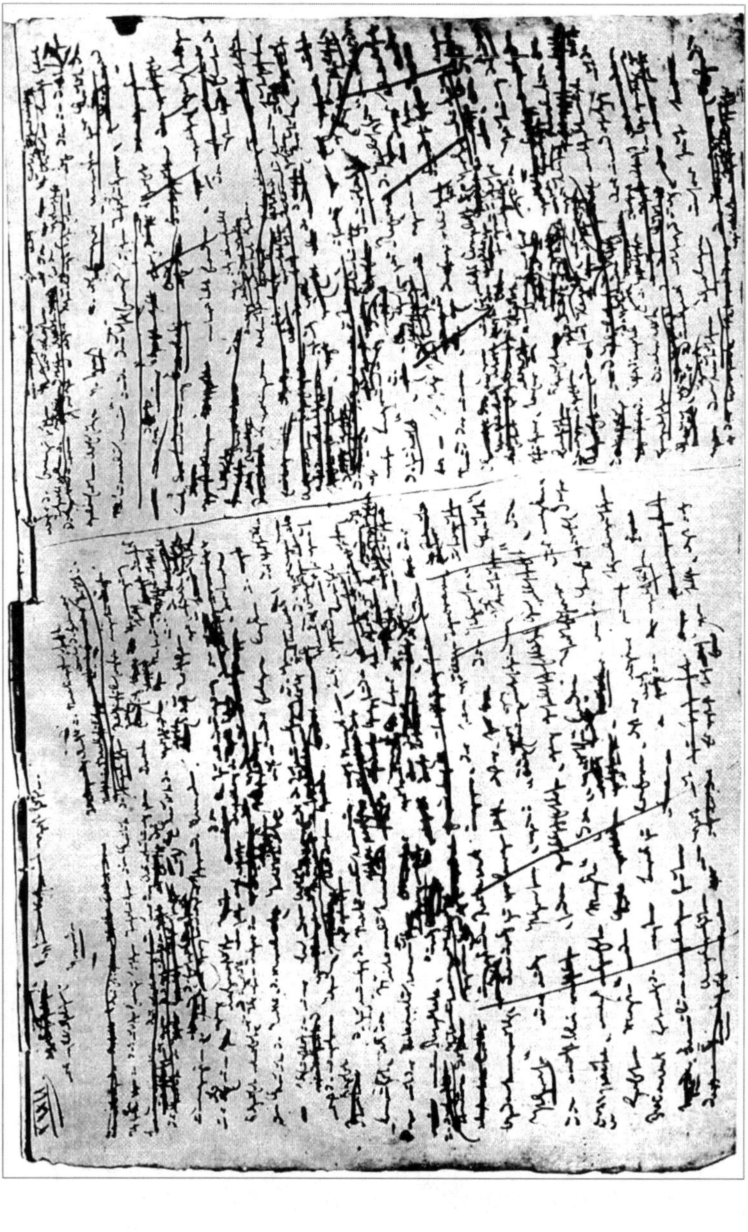

《1844年经济学—哲学手稿》序言第1页

外的某种狭隘的批判形式（譬如说，十八世纪的批判形式）和**群众**的局限性。最后，当关于**他**自己的哲学前提的本质的发现——如**费尔巴哈**的发现——被做出时，批判的神学家就制造一种假象，仿佛这些发现正是他自己做出的。他是这样来制造一种假象的：由于他不能阐发这些发现的成果，因而他一方面把这些发现的成果以**口号**的形式向那些还处于［黑格尔］哲学束缚下的作家掷去；另一方面，他以一种诡秘的、阴险的、怀疑的方式，搬弄黑格尔辩证法的诸要素来反对费尔巴哈对黑格尔**辩证法**的批判，而这些要素是他在这一批判中还没有发现的，并且这些要素也还没有以经过批判改造的形式供他使用。他既未打算也没有能力把这些要素同批判正确地结合起来，而只是神秘地以黑格尔辩证法所**固有的**那种形式来搬弄这些要素。例如，他提出［黑格尔的］间接证明这一范畴来反对［费尔巴哈的］从自身开始的实证真理这一范畴，借以自欺欺人地表明自己的水平甚至超越于这些发现。神学的批判家认为，为了使他能够**侈谈**批判的纯粹性、彻底性，以及完全批判的批判等等，哲学应该随心所欲地**做到**一切，乃是完全自然的事；而当他一旦**感觉到**例如黑格尔的某一环节为费尔巴哈所缺少时，他就自诩为**哲学的**真正**克服者**，因为，尽管神学的批判家如此沉湎于对“**自我意识**”和“**精神**”的唯灵论的偶像崇拜，却终究没有超出感觉的范围而达到意识。〉

深入地考察一下就可以知道，在运动之初曾经确实是一个进步因素的**神学的批判**，归根结蒂不过是旧**哲学的**、特别是**黑格尔的超**

验性的被丑化成**神学漫画**的顶点和归结罢了。神学自来就是哲学的痈疽；现在又叫它去演示哲学的消极分解、亦即哲学的腐性分化过程，关于这个饶有兴味的历史的判决，这个历史的因果报应，我将在另一个地方加以详细的论述。[12]

〈反之，**费尔巴哈**关于哲学的本质的发现，究竟在何等程度上仍然——至少为了**证明**这些发现——使得跟哲学辩证法批判地划清界限一事成为必要，关于这一点，读者从我的论述本身就可以看清楚。——〉 |XL||

［第一手稿］[13]

工　资

‖Ⅰ| **工资**决定于资本家和劳动者之间的敌对的斗争。胜利必定是属于资本家的。资本家没有劳动者，要比劳动者没有资本家活得更为长久。资本家的联合是习以为常的并且是有效果的，劳动者的联合则遭到禁止并且会给他们招来恶果。此外，土地所有者和货币资本家还可以把产业收益加到自己的收入里去，而劳动者则除了劳动所得以外既无地租，也无资本利息。所以，劳动者间的竞争是很激烈的。从而，资本、地产和劳动三者的分离，只有对劳动者说来才是必然的、本质的、有害的分离。资本和地产可以不必安于这种分离，而劳动者的劳动则不能摆脱这种分离。

因此，对劳动者说来，资本、地租和劳动三者的分离是致命的。

最低的和唯一必要的工资额就是劳动者在他劳动期间的生

活费用加上为使劳动种族不致死绝而额外给他的聊足赡养家族的费用。按照斯密的意见，通常的工资是适合于“光杆的人”[14]，亦即适合于畜类生活水平的最低工资。

像其他一切商品的生产一样，对人的需求必然调节着人的生产。如果供给大大超过需求，那么一部分劳动者就要沦为乞丐或者饿死。因此，劳动者的生存被贬低为其他一切商品的存在的条件。劳动者成了商品，如果他能找到买主，那就算是他的幸运了。劳动者的生存所依赖的需求，取决于富人和资本家的兴致。如果供给的量超过需求，那么价格的构成部分（利润、地租、工资）之一就会低于**价格**；结果，构成价格的相应部分就会离开这种应用，从而，市场价格也就向作为中心点的自然价格靠近。但是，**第一**，在分工大大发展的情况下，劳动者要把自己的劳动转用于其他方面是极为困难的；第二，由于劳动者对资本家处于从属地位，吃亏的首先总是劳动者。

因此，当市场价格向自然价格靠近时，劳动者无条件地要遭到最大的损失。正是资本家能够把自己的资本转用于其他方面这种能力，使得被束缚于一定劳动部门的劳动者或者失去生计，或者不得不屈服于这个资本家的一切要求。

‖ II | 市场价格的偶然而急遽的波动，对地租的影响要比对那个分解为利润和工资的价格部分的影响为小；而对利润的影响又比对工资的影响为小。情况往往是这样：在某一个地方工

资提高的同时，在另一个地方工资保持**不变**，而在第三个地方则**降低**。

当资本家赢利时劳动者不一定得到好处，而当资本家亏损时则劳动者一定跟着吃亏。例如，当资本家由于工业秘密或商业秘密，由于垄断或自己地产的有利位置而使市场价格保持在自然价格以上时，劳动者也得不到任何好处。

其次，**劳动的价格要比生活资料的价格远为稳定**。二者往往形成反比。在物价腾贵的年代，工资因劳动需求的减少而降低，因生活资料价格的上涨而提高。因此，二者互相抵消。但是，总有一部分劳动者失去生计。在物价便宜的年代，工资因劳动需求的增长而提高，因生活资料价格的下落而降低。因此，二者互相抵消。

劳动者还有一个不利的方面:

不同行业的劳动者的劳动价格之差，比不同投资部门的利润之差大得多。劳动时表现出个人活动的全部自然的、精神的和社会的差别，因此所得报酬也各不相同，而死资本则总是迈着同样的步子，根本不管个人活动的**实际**特点如何。

总之应当看到，在劳动者和资本家同样遭到损失时，劳动者苦恼的是他的生存本身，而资本家则苦恼的是他的死钱财的赢利。

劳动者不仅要为物质生活资料而斗争，而且要为谋得职业，亦即要为实现自己的活动的可能性和手段而斗争。

我们且举社会所可能有的三种主要的状态，并且考察一下劳动者在这些状态下所处的地位。

（1）如果社会财富处于减退的状态，那么劳动者所受的痛苦最大。因为，即使在社会的幸福状态下，劳动者阶级也不能像所有者阶级那样得到好处，“**没有一个阶级像劳动者阶级那样**，因社会的衰落而遭受深重的苦难”[15]。

‖ III |（2）现在且拿财富正在增进的社会来看，这是唯一对劳动者有利的状态。在这种状态下，资本家之间展开竞争。对劳动者的需求超过了劳动者的供给。

但是，**第一**，工资的提高引起劳动者的**过度劳动**。他们越是想多赚几个钱，他们就越是不得不牺牲更多的时间，以致完全放弃一切自由来替贪婪者从事奴隶般的劳动。这就缩短了劳动者的寿命。劳动者寿命的缩短对整个劳动者阶级是有利的，因为这样就可以不断地产生对劳动的新的需求。这个阶级总是不得不牺牲自己的一部分，以避免同归于尽。

其次，社会在什么时候才会处于日益富裕的状态呢？那就是在一国的资本和收入增长的时候。但是这只有在下述情况下才是可能的：

（a）通过大量劳动的积累，因为资本是积累起来的劳动；从而通过劳动者的劳动产品被越来越多地剥夺，通过他自己的劳动越来越作为别人的财产与他相对立，而他的生存和活动的资料越来越多地积聚在资本家手中。

（β）资本的积累扩大着分工，而分工则增加劳动者的人数；反过来说，劳动者人数的增加扩大着分工，同时分工又增加着资本的积累。一方面随着这种分工的发展，另一方面随着资本的积累，劳动者日益完全依赖于劳动，而且是极其片面的、机械式的特定劳动。随着劳动者在精神上和肉体上被贬低为机器，随着人变成抽象的活动和胃，劳动者越来越依赖于市场价格的一切波动，依赖于资本的运用和富人的兴致。同时，‖IV｜由于单靠劳动为生者阶级的人数的增加，劳动者间的竞争加剧了，因而他们的价格也随之降低。在工厂制度下，劳动者的这种状况达到了顶点。

（γ）在福利正在增长的社会里，只有最富有的人才能靠货币的利息过活。其余的人都不得不用自己的资本经营某种企业，或者把自己的资本投入商业。因此，资本家间的竞争日益加剧，资本的积聚日益增长，大资本家使小资本家陷于破产，一部分过去的资本家沦为劳动者阶级，而劳动者阶级则由于这种人数的增长一方面又要饱尝工资降低之苦，同时也更加依赖于少数大资本家。随着资本家人数的减少，他们为争夺劳动者而进行的竞争几乎不再存在；而劳动者则由于人数的增加，彼此间的竞争变得日益激烈、反常和更带有强迫性。因此，劳动等级中的一部分人必然要陷于行乞或饿死的状态，正像一部分中等资本家必然要下降到劳动者的地位一样。

由此可见，即使在对劳动者最有利的社会状态下，劳动者也不能避免劳伤、早死、沦为机器和资本奴隶（资本的积累是作为某种危害他的东西而与他相对立的）、新的竞争以及一部分劳动者的饿死或乞讨。

‖V|工资的提高在劳动者身上引起资本家式的发财欲，但是劳动者只有牺牲自己的精神和肉体才能满足这种欲望。工资的提高以资本的积累为前提并且导致资本的积累；因此，随着工资的提高，劳动产品作为某种异己的东西越来越与劳动者相对立。同样地，分工使劳动者日益片面化和从属化；分工不仅引起人们的竞争，而且引起机器的竞争。由于劳动者沦为机器，所以机器作为竞争者与他相对抗。最后，正像资本的积累导致工业数量的增加，从而也导致劳动者数量的增加一样，由于这种积累，同一数量的工业也生产出**更多量的产品**，于是发生生产过剩，结果不是有相当大一部分劳动者失业，就是劳动者的工资下降到极其可怜的最低限度。

这就是对劳动者最有利的社会状态，即财富日益**增长、累进**的状态所导致的结果。

然而，这种繁荣的状态终究有一天要达到自己的顶点。那时劳动者的处境会是怎样的呢？

（3）“在财富已经达到它可能达到的顶点的国家里，工资和资本利息二者都会是极低的。劳动者间为谋得职业而进行的竞争如此激烈，致使工资降低到仅够维持现有劳动者数的程度，而因为该国的人口已非常稠密，所以人口数已不能再增加。”[16]

超过这个数目的增长部分将注定死亡。

因此，在社会衰落的状态下，劳动者陷入日益加剧的贫困；在社会福利增进的状态下，劳动者陷入错综复杂的贫困；在社会达到繁荣顶点的状态下，劳动者陷入持续不断的贫困。

‖VI|然而，既然在斯密看来，大多数人遭受痛苦的社会不是幸福的[17]，——而实际上甚至社会的最富裕的状态都会造成大多数人的这种痛苦，——既然国民经济学（整个私人利益社会）会导致这种最富裕的状态，那么，国民经济学的目的就是社会的**不幸**。

关于劳动者和资本家的相互关系还应该指出，工资的提高对资本家说来可以由劳动时间总量的缩减而绰绰有余地得到补偿；工资的提高和资本利息的增加都会影响商品的价格：前者是作为单利发生影响，而后者是作为复利发生影响[18]。

现在让我们完全站在这位国民经济学家的立场上，并且按照他的看法把劳动者的理论要求和实践要求比较一下。

这位国民经济学家告诉我们说，劳动的**全部产品**本来属于劳动者，并且按照理论来说也是如此。但是他同时又说，实际上劳动者得到的是他绝对不可缺少的最小一部分产品，也就是说，只得到他不是作为人而是作为劳动者的生存，以及不是为了繁衍人类而是为了繁衍劳动者这个奴隶阶级所必要的那一份。

这位国民经济学家告诉我们说，一切东西都可用劳动来购买，而资本无非是积累起来的劳动；但是同时他又说，劳动者不仅不能购买一切东西，而且不得不出卖自己本身和自己作为人的资格。

游手好闲的土地所有者所得的地租大都占土地产品的三分之一，忙忙碌碌的资本家所得的利润甚至两倍于货币的利息，而摊到劳动者名下的那一份则在最好的情况下，如果他有四个孩子，也注定要有两个饿死。

‖VII|[19] 按照国民经济学家的意见，劳动是人能够用来增大自然产品的价值的唯一的东西，劳动是人的能动的财产；但是按照同一个国民经济学的意见，土地所有者和资本家，凭着土地所有者和资本家的资格，不过是养尊处优的和优游岁月的神仙，可是他们却到处凌驾于劳动者之上，对劳动者发号施令。

按照国民经济学家的说法，劳动是物的唯一的、不变的价格；然而同时却再没有任何东西像劳动价格那样具有偶然性并且处于激烈的波动之中。

分工提高劳动的生产力，增进社会的财富和文明，然而却使劳动者陷于贫困以致沦为机器。劳动促进资本的积累，从而也促进社会福利的增长，然而却使劳动者日益依附于资本家，加剧劳动者间的竞争，把劳动者拖到生产过剩的疯狂竞赛中去，而接着生产过剩而来的则是同样猛烈的生产衰落。

按照国民经济学家的意见，劳动者的利益任何时候都不同社会利益相对立，然而实际上社会却总是必定同劳动者的利益相对立。

按照国民经济学家的说法，劳动者的利益所以在任何时候都不同社会利益相对立，（1）是因为工资的提高可以从所耗费的劳动时间的缩减和上述其他后果而绰绰有余地得到补偿；（2）是因为对社会来说产品总量就是纯产品，而纯产品只对私人来说才有意义。

但是，依我来说，劳动本身——不仅在它目前的条件下，而且一般地说只要它的目的仅仅在于增加财富——是有害的、造孽的，这是从国民经济学家的议论本身得出的结论，尽管他自己并没有觉察到这一点。

*　　　*　　　*

按照理论，地租和资本利润是工资的一个**扣除额**。然而在现实中，工资却是土地和资本所让予劳动者的扣除额，是从劳动产品中给劳动者、劳动所打的回扣。

在社会衰落的状态下，劳动者遭受的痛苦最为深重。他由于自己作为劳动者的地位而遭到特别沉重的压迫，同时由于社会的这种状态而遭到一般的压迫。

而在社会前进的状态下，劳动者的沦落和贫困化则是他的劳动和他所生产的财富的产物。换言之，贫困来自当今的劳动本身的**本质**。

社会的最富裕的状态，这个毕竟可以大体上实现的并且至少是国民经济学和资产阶级社会的目的的理想，对劳动者说来却是**持续不断的贫困**。

不消说，国民经济学把无产者，亦即既无资本又无地租，而只靠劳动，而且是片面的、抽象的劳动为生的人，只是看作**劳动者**。因此，它才能提出这样一个论点，即劳动者应当和牛马完全一样，只得到维持他的劳动所必需的东西。因此，国民经济学不考察不劳动时的劳动者，不把劳动者作为人来考察；它把这件事交给刑事法院、医生、宗教、统计表、政治和乞丐监督去做。

现在让我们超出国民经济学的水平，从上文几乎是用国民经济学家的原话所作的论述中来探索下述两个问题的答案：

（1）把人类的最大部分归结为抽象劳动，这在人类的发展中具有什么意义？

（2）改良主义者或者为了改善劳动者阶级的处境而希望**提高**工资，或者（像蒲鲁东那样）把工资的**平等化**看作社会革命的目的，——这些人 en détail [具体地说来] 究竟犯了什么错误？

劳动在国民经济学中只是以**赚钱活动**的形式出现。

*　　　*　　　*

‖VIII|“可以肯定地说，那些要求特殊才能或较长期的预备训练的职业，整个说来是变得比较有利的；而任何人都可以不费力气地很快学会的那种机械而单调的工作的相应工资，则随着竞争的加剧而降低并且不能不降低。但正是**这**类劳动，在劳动组织的现状下，还占最大多数。因此，如果说第一类劳动者现在的工资为五十年前的七倍，而第二类劳动者的工资和五十年前一样，那么二者所得的工资**平均起来**当然为以前的四倍。但是，如果在一个国家里，属于第一类劳动者的只有一千人，而属于第二类的有一百万人，那么就有九十九万九千人不比五十年前生活得更好，而如果生活必需品的价格同时上涨，那么他们会比以前生活得**更坏**。可是人们却想借助于这种肤浅的**平均计算**，在有关人口中人数最多的阶级的问题上欺骗自己。此外，**工资**的多少只是估计**劳动者的收入**的因素之一，因为衡量劳动者的收入更重要的是要考虑到他们获得收入的有保障的**持续性**。然而这种持续性在波动和停滞不断出现的所谓自由竞争的无政府状态下是根本谈不到的。最后，还应注意过去和现在的**工作日**长短的差别。最近二十五年来，亦即恰恰从棉纺织工业采用节省劳动的机器时起，这一工业部门的英国劳动者的劳动时间已由于企业主追逐暴利而增加到‖IX|每日十二至十六小时，

而在到处还存在着富人无限制地剥削穷人的公认权利的情况下，一国和一个工业部门的劳动时间的延长或多或少总要影响到其他地方。”（舒耳茨：《生产的运动》，第 65 页[20]）

“然而，即使所谓社会**一切**阶级的平均收入增长了这样一种错误的说法是正确的，一种收入同另一种收入的区别和**相对的**差距仍然可能扩大，因而贫富之间的对立也可能更加激烈。因为正是由于生产总量增长了，并且随着生产总量的增长而需要、欲望和要求也同样提高了，所以虽然**绝对的**贫困在减少，**相对的**贫困却可能增加。靠海豹油和腐臭了的鱼过活的萨莫耶德人并不穷，因为在他们那种与世隔绝的社会里所有的人都需要着同样的东西。但是在一个生产总量在十年中间按人口平均计算增加了三分之一的、前进着的国家里，工资赚得和十年前一样多的劳动者不但不能保持过去的生活水平，而且比过去穷了三分之一。”（同上，第 65—66 页）

但是，国民经济学把劳动者只是看作劳动的动物，只是看作仅仅具有最必要的肉体需要的牲畜。

“国民要想在精神方面更自由地发展，就不应该再做自己的肉体需要的奴隶、自己的身体的奴仆。因此，他们首先必须有**能够**进行精神活动和精神享受的**余暇**。劳动组织方面的进步会赢得这种时间。因为今天，由于有了新的动力和完善的机器，棉纺织厂的一个劳动者往往可以完成过去一百甚至二百五十到

三百个劳动者的工作。在一切生产部门中都发生了类似的结果，因为外部自然力日益被用来‖X|帮助人类的劳动。如果说为了满足一定量的物质需要所必要的时间和人力的耗费比过去减少了一半，那么在不损害物质福利的情况下，提供给精神活动和精神享受的余暇也同时相应地增加了。但是，我们从老克罗诺斯①那里，甚至在他所固有的领域中所夺得的卤获物，在它的分配方面仍然像赌博一样取决于盲目的、不公正的偶然性。在法国有人计算过，在目前的生产状况下，每个有劳动能力的人只要平均每日劳动五小时，就足以满足社会的一切物质需要……尽管时间因机器的改善而得到节省，工厂中奴隶劳动的时间对多数居民来说仍然有增无已。”（同上，第67—68页）

“从复杂的手工劳动过渡［到机器生产］，以这种劳动分解为简单的作业为前提。但是，开始时，只有**一部分**单调地重复的作业由机器来承担，而另一部分则由人来承担。按照事物的本性并且根据一致的经验，可以说这种连续不断的单调的活动无论对于精神还是对于肉体都同样是有害的。因此，在机器工作同大量人手间的简单分工相**结合**的状况下，这种分工的一切弊害也必然地要表现出来。工厂‖XI|劳动者的较高死亡率就是表明这种分工的弊害的标志之一……人**借助于**机器的劳动和

---

① 克罗诺斯系希腊神话中的宙斯之父，宇宙的统治者。从他那里夺得的卤获物当指因生产力的发展而赢得的时间。——译者注

人**作为**机器的劳动之间的这种巨大差别……并没有受到人们的注意。”（同上，第 69 页）

“但是在各国人民未来的生活里，通过机器起作用的盲目的自然力，将成为我们的奴隶和奴仆。”（同上，第 74 页）

“在英国的纺纱厂中就业的只有十五万八千八百一十八个男工和十九万六千八百一十八个女工。兰卡斯特州的棉纺织工厂每有一百个男工就有一百零三个女工，而在苏格兰甚至有二百零九个女工。在英国里子麻纺工厂中每一百个男工就有一百四十七个女工；在德鲁登和苏格兰东海岸甚至达到二百八十。在英国的丝织工厂中有很多女工；在需要较强体力的毛织工厂中主要是男工。1833 年在北美的棉纺织工厂中就业的，除了一万八千五百九十三个男工以外至少有三万八千九百二十七个女工。可见，由于劳动组织的改变，妇女谋生活动的范围已经扩大……妇女在经济上有了比较独立的地位……男女两性已在社会地位方面互相接近。”（同上，第 71—72 页）

“1835 年，有八至十二岁的儿童二万零五百五十八人，十二至十三岁的儿童三万五千八百六十七人，十三至十八岁的儿童十万八千二百零八人在拥有蒸汽动力和水力动力的英国纺纱厂中劳动……诚然，机械的进一步改进使人日益摆脱单调的劳动操作，正在促进这种弊害的‖**XII**|逐渐消除。但是，正是

由于资本家有可能使用以至消耗下层阶级，甚至他们的儿童的劳动力，并且比使用机械手段更容易和更便宜，所以机械化的迅速进步正在受到阻碍。”（同上，第70—71页）

“勃鲁姆勋爵向劳动者号召说：‘做资本家吧！’……不幸的是，千百万人只有通过糟蹋身体、败坏人的德行和精神的紧张劳动，才能为自己挣得微薄的生活之资，而且甚至能够找到**这样一种**倒楣的工作，在他们也不得不认为是幸运的。”（同上，第60页）

“总之，为了活下去，没有财产的人不得不直接或间接地替有产者**效劳**，也就是说，要听从他们的摆布。”（斐柯尔：《社会经济的新理论》，第409页[21]）

“**家庭仆役——月钱；劳动者——工资；职员——薪水**或**俸给**。”（同上，第409—410页）

一方面，“出租自己的劳动”，“出借自己的劳动以取得利息”，“代替别人劳动”。

另一方面，“出租劳动材料”，“出借劳动材料以取得利息”，“使别人代替自己劳动”（同上，第411页）。

‖XIII|“这种经济结构注定人们要干如此低下卑贱的职业，要遭到那种凄惨而痛苦的沦落，以致野蛮未开的状态跟这比较起来都似乎是王侯的生活了。”（同上，第417—418页）

“一无所有者以各种各样的形式出卖自己的身体。”（同上，第421—422页）拣破烂者。

查·劳顿在《人口和食物问题的解决办法》（巴黎，1842年）[22]一书中估计英国卖淫者的数目有六至七万人。“品德可疑的妇女”也有同样多（第228页）。

“这些不幸的马路天使的平均寿命，从她们走上放荡的生活道路时算起大约是六至七年。因此，要使卖淫者的数目保持在六万至七万这个水平上，在联合王国每年至少要有八千至九千妇女献身于这个肮脏的职业，也就是说，每天大约要有二十四名新的牺牲者，或者每小时**平均**要有**一名**新的牺牲者；如果这个比例适用于整个地球的话，那么这种不幸者的人数就必定经常有一百五十万人。”（同上，第229页）

“贫困的人口随着他们的贫困的增长而日益增长；大量的人在极端贫困的状态下挣扎，彼此争夺着受苦受难的权利……1821年，爱尔兰的人口是六百八十万一千八百二十七人。1831年增加到七百七十六万四千零十人，也就是说，在十年中间增加了百分之十四。在最富裕的连斯特尔州，人口只增加百分之八，而在最贫困的康诺特州，人口反而增加达百分之二十一（《在英格兰公布的关于爱尔兰的统计调查摘要》，维也纳，1840年）。”（**毕莱**：《论贫困》，第1卷，第36—37页[23]）

国民经济学把劳动抽象地看作物；“劳动是商品”；如果价格高，就意味着商品的需求很大；如果价格低，就意味着商品的供给很多；“劳动作为商品，其价格必然日益降低”；之所以造成这种情况，一部分是因为资本家和劳动者之间的竞争，一部分是因为劳动者间的竞争。

“出卖劳动的劳动人口，不得不满足于获得产品中最微少的一份……作为商品的劳动的理论，难道说不是伪装起来的奴隶制的理论吗？”（同上，第 43 页）“为什么人们把劳动只是看作交换价值呢？”（同上，第 44 页）

大工厂宁愿购买妇女和儿童的劳动，因为这种劳动比男人的劳动便宜（同上）。

“劳动者在雇主面前不是处于**自由的卖主**的地位……资本家在雇用劳动方面总是随心所欲的，劳动者则总是被迫出卖劳动。如果劳动不是每个瞬间都被卖出去，那么它的价值就会完全丧失。和真正的商品不同，劳动既不能积累，也不能储蓄。

‖ XIV | 劳动就是生命，而生命如果不是每天用食物进行代谢，就会憔悴并很快死亡。因此，为了使人的生命成为商品，就必须承认奴隶制。”（同上，第 49—50 页）

因而，如果劳动是商品，那么它就是一种具有最不幸的特性的商品。但是，甚至根据国民经济学的基本原理，劳动也不是商品，因为它不是“**自由的交易的自由的结果**”。现存的经济制度“既降低了劳动的价格，同时也降低了劳动的报酬；它成全了劳动者，却贬低了人。”（同上，第 52—53 页）“工业变成了

战争，而商业变成了赌博。”（同上，第62页）

“单是加工棉花的机器（在英格兰）就代替着八千四百万手工劳动者的工作。”[同上，第193页]

迄今为止，工业一直处于掠夺战争的状态中：

“它像一个大征服者一样冷酷无情地浪费那些构成它的军队的人的生命。它的目的是占有财富，而不是人的幸福。”（毕莱，前引书，第20页）“这些利益”（即经济的利益），“只要听之任之……就必然要互相冲突；它们除了战争再无其他仲裁者，而战争所下的判决，就是使一些人失败和死亡，而使另一些人获得胜利……科学就在对立力量的冲突中寻求秩序和平衡：按照科学的意见，**连绵不绝的战争**是获致和平的唯一方法；这个战争就叫作竞争。”（同上，第23页）

“为了卓有成效地进行工业战争，需要有许多支人数众多的军队，这些军队要能调集到一个地点上不计牺牲地投入战斗。这种军队的士兵所以能忍受他们所肩负的重担，既不是由于忠诚，也不是由于义务；他们这样做是为了摆脱他们不可逃避的饥饿威胁。他们对自己的长官既没有爱戴，也没有感谢。长官对自己的部下也不怀任何好意。在他们眼中，这些部下不是人，而只是应该用尽可能少的花费带来尽可能多的收入的生产工具。这些日益拥挤的劳动者大群甚至不相信会经常有人使用他们；把他们集合起来的工业只是在它需要他们的时候才让他们活下去；而一旦能够不要他们，它就毫不踌躇地抛弃他们；于是劳动者不得不把自己的身体和自己的力气按照人家同意的价格出让。加在他身上的劳动越是时间长，折磨人，使人难受，他所得的报酬也就越少；有时你可以看到这样的劳动者，他们每天连续紧张劳动十六小时，才勉强买到不致饿死的权利。”（同上，第68—69页）

‖XV|“我们确信，——对此，那些调查手工织布工的状况的特派员们也会同意，——如果不是时时刻刻都有健康的人手、新鲜的血液不断地从邻近的农村流入大工业城市，这些城市就会在短期内失去自己的劳动人口。”（同上，第36页）|XV‖

资本的利润[①]

一　资　本

‖I|（1）**资本**，亦即对别人劳动产品的私有权，是建立在什么基础上的呢？

“即使资本并非来源于抢劫和诈骗，但是为了使继承神圣化，

---

① 在手稿上，这个范畴是用各种不同的术语来表示的，如：资本的利润、资本家的赢利、资本的赢利、赢利等等。——编者注

《青年时代的马克思画像》（版画） 李 庚 作

仍然必须有立法的协助。”（**萨伊**，第1卷，第136页，注[24]）

人怎样成为生产资金的所有者？他如何成为借助于这些生产资金而生产出来的产品的所有者？

基于**成文法**（**萨伊**，第2卷，第4页）。

人们凭借资本，例如，凭借大笔财产的继承，可以获得什么？

“继承了一大笔财产的人并不因而直接获得政治的权力。拥有这种财产所直接赋予他的那种力量是**购买力**，也就是说，是对于别人的一切劳动或当时出现在市场上的这种劳动的一切产品的支配权。”（斯密，第1卷，第61页）

因此，资本是对劳动及其产品的**支配权**。资本家拥有这种权力并不是由于他的个人的或人类的特性，而只是由于他是资本的**所有者**。他的力量就是他的资本的那种无可抗拒的**购买**力。

我们往下将看到，首先，资本家怎样借助于自己的资本行使对劳动的支配权，其次，这种资本的支配权怎样支配着资本家本身。

什么是资本？

“一定量的**积累起来的**和储备起来的**劳动**”（斯密，第2卷，第312页）。

资本就是**积累起来的劳动**。

（2）**资金**、资产是土地和工业劳动的产品的任何积累。资产只有当它给自己的所有者带来收入或赢利的时候，才叫作**资**

本（斯密，第2卷，第191页）。[25]

二　资本的赢利

“**资本的利润**或**赢利**，与**工资**完全不同。二者之间的差别表现在两方面：首先，资本的赢利完全决定于投资的价值，尽管监督和管理方面的劳动在不同的资本之下可能是一样的。其次，在大工厂里面，这方面的劳动是完全委托给一个经理的，而这个经理的薪水同他监督其运用的 ‖II | 资本根本没有比例关系。”尽管在这种情况下所有者的劳动几乎等于零，所有者却要求按照他的资本的多少获得利润（斯密，第1卷，第97—99页）。

资本家根据什么理由要求保持赢利和资本间的这种比例呢？

“只要资本家不能指望从销售劳动者的产品所得到的收入，除了补偿”他预付在工资方面的“资金以外还有剩余，他就不会有**兴趣**来雇用劳动者”；而只要资金的利润不能同投资额成正比，他就不会有**兴趣**来运用一大笔资金而不是一小笔资金（斯密，第1卷，第96—97页）。

因此，资本家首先按照工资抽取赢利，其次按照预付原料抽取赢利。

那么，赢利和资本的比例是怎样的呢？

如果说一定地点和一定时间的通常的、平均的工资额已经很难确定，那么资本的赢利就更难确定了。资本所买卖的那些商品价格的变化，资本的竞争者和顾客的走运和不走运，商品在运输中和仓库中可能遇到的千千万万种其他偶然事故，——这一切都引起利润的每天的、甚至几乎是每时的变化（斯密，第1卷，第179—180页）。尽管精确地确定资本赢利的数额是完全不可能的，但是根据**货币利息**仍然可以推算出这个数额。如果利用货币可以得到较多的赢利，那么为了得到利用货币的权利，也就需要付出较大的利息；如果利用货币得到的赢利较少，那么付出的利息也要少（斯密，第1卷，第181页）。“通常的利率和纯赢利率之间所必须保持的那个比例，必然随着赢利的上升或下降而变化。在英国，商人把那种按利息的两倍计算的利润称之为**正当的、适度的、合理的利润**；所有这些形容词只不过说明，这种利润是一种**普通的和寻常的利润**。”（斯密，第1卷，第198页）

最低的赢利率怎样呢？**最高的**赢利率怎样呢？

“资本的普通的、**最低的**赢利率照例除了补偿资本的任何运用都可能遭到的那种偶然损失以外必须**略有剩余**。这个余额实际上也就是赢利，亦即纯收益。”最低利率的情况也是如此（斯密，第1卷，第196页）。

‖III｜普通的、可能达到的**最高**赢利**率**是这样，它在大多数商品中**完全吞没了地租**，并且把供应的商品中所包含的工资降到**最低价格**，使之仅够维持劳动者在劳动期间的生活。只要使用劳动者从事劳动，就总得设法养活他们；然而地租却可以完全取消。例如，在孟加拉的东印度公司的经理人们（斯密，第 1 卷，第［197］—198 页）。

资本家在这种情况下除了可以**取得**竞争微少的一切利益之外，他还能用一本正经的方式把市场价格保持在自然价格之上：

首先，当市场离开那些在市场上销售商品的人很远的时候，就借助于**商业秘密**；这就是说，把价格的变动——它高于自然价格的情况——保持秘密。这样保持秘密，可以使其他资本家不致把自己的资本投到这个部门来。

其次，借助于**工厂秘密**；这种秘密使资本家可以用较少的生产费用、按照同样的价格甚至比竞争者较低的价格供应商品，从而获得较高的利润。——（以保密来进行欺骗不是不道德的吗？交易所的交易。）——**再次**，在生产固定于一定地点（例如，名贵的葡萄酒）并且永远不能满足**有效的需求**的地方。**最后**，通过个别人和公司的**垄断**。垄断价格是可能达到的最高价格（斯密，第 1 卷，第 120—124 页）。

可能提高资本赢利的另一些偶然的原因：

新领土的获得或新商业部门的出现甚至在富国里也往往可以提高资本赢利，因为这些新领土或新商业部门可以从旧商业部门中吸引出一部分资本，缓和竞争，减少投入市场的商品量，从而促使这些商品的价格提高；在这种情况下，经营这些商品的商人就能够付给借款以较高的利息（斯密，第1卷，第190页）。

“商品被加工得越多，它越是成为制造业的对象，那么化为工资和利润的那部分价格就越是比化为地租的那部分价格更大。随着对这个商品的一道一道的加工，不仅赢利的数额增大了，而且每一个后来的赢利总是高于先前的赢利，因为产生赢利的那个资本‖IV|必然地越来越大。亚麻织布业的资本照例必然大于纺纱业的资本，因为前一种资本不仅要补偿后一种资本及其赢利，而且还要支付织布工的工资，而赢利总是必定要同资本保持一定的比例的。”（第1卷，第102—103页）

因此，加于自然产品和加过工的自然产品的人的劳动的增长，并不增大工资，而是一方面增大赢利资本的数额，另一方面使每个后来的资本较之先前的资本更大。

关于资本家从分工中得到的好处，将在下文中加以论述。

资本家得到双重的好处：第一，从分工中；第二，一般地从加于自然产品的人的劳动的增长中。人加入商品中的份额越大，死资本的赢利也就越大。

“在同一社会中，资本的平均赢利率要比不同工种的劳动的工资远为接近于同一水平。”（第1卷，第228页）“在资本的各种不同的运用中，通常的赢利率依收回资本的可靠性的大小而不同。风险越大则赢利率越高，虽然二者并不完全保持一个精确的比例。”（同上，第226—227页）

不消说，资本赢利还由于流通手段（例如纸币）的轻便化或低廉化而增长。

三　资本对劳动的统治和资本家的动机

“促使资本所有者宁愿把资本投入农业，或者投入工业，或者投入批发商业或零售商业的某一特殊部门的唯一动机，就是他的追逐利润的观点。他从来不想计算一下，资本的这些运用方式中的每一种方式会动用多少**生产劳动**，‖Ⅴ|或者会使他的国家的土地和劳动的年产品价值增加多少。”（**斯密**，第2卷，第400—401页）

“在资本家看来，资本的最有利的运用方式，就是那种能在同样可靠性之下给他带来最大赢利的运用方式。这种运用方式对社会说来并不总是最有利的。用于从自然生产力中取得效用的那种运用资本的方式才是最有利的运用方式。”（**萨伊**，第2卷，第130—131页）

“劳动的最重要的运用都是按照投资者的规划和盘算来调节和支配的。而投资者通过这些规划和运用所追求的目的则是**利润**。然而，利润率却不像地租和工资那样随着社会的繁荣而上升，也不像它们那样随着社会的衰退而下降。相反地，利润率自然而然地在富国中低，而在穷国中高；并且，它从来不像在那些最迅速地走向破产的国家中高。因此，这个阶级的利益不像其他两个阶级的利益那样与社会的一般利益结合着……经营某一特殊商业部门或工业部门的人们的特殊利益，从某一方面说来总是不同于公众的利益，甚至常常是与它相敌对的。商人的利益总是在于扩大市场和限制卖主的竞争……　这就是这样一些人的阶级，这些人的利益决不会同社会的利益完全一致，他们的利益总是在于诳骗和欺诈公众。”（斯密，第2卷，第163—165页）

四　资本的积累和资本家间的竞争

资本的增长可以提高工资，但是由于资本家间的**竞争**而有减少资本家的赢利的趋向（斯密，第1卷，第179页）。

“例如，一个城市的食品杂货业所需要的资本如果分掌在两个食品杂货业者手中，那么两者都将由于竞争而比这笔资本掌握在一个人手中时卖得便宜，而如果资本分掌在二十个人手中，‖**VI**|那么竞争就将随之更加激烈，他们相互间就提高他们的商品价格达成协议的可能性也将随之更少。”（斯密，第2卷，第372—373页）

既然我们已经知道，垄断价格是可能达到的最高价格；既然资本家的利益，甚至按流行的国民经济学的观点看来都是与社会利益相敌对的；既然资本赢利的上升像复利一样影响着商品的价格（斯密，第1卷，第199—201页），——那么，**竞争**

就是对抗资本家的唯一手段；用国民经济学的话来说，竞争既对工资的提高，也对商品价格的下降发生有益于一般消费者的影响[26]。

但是，只有当资本扩大而且分散在许多人手中的时候，竞争才是可能的。多数的资本只有通过多方面的积累才能出现，因为资本照例只有通过积累才能形成，而多方面的积累必然要转化为单方面的积累。各个资本之间的竞争扩大着资本的积累。在私有财产的统治下，积累就是资本在少数人手中的**积聚**，只要听任资本自然周转，这种积累就总是一种必然的结果；而资本的这种自然趋向恰恰是通过竞争来为自己开辟更为自由的道路的。

我们听到，资本的赢利是同资本的量成正比的。因此，即使从一开始就完全撇开蓄谋的竞争不说，大资本也会依照着它的量而比小资本积累得更快。‖VI|

‖VIII|可见，就是完全撇开竞争，大资本的积累也远比小资本积累得快。让我们来进一步探讨一下这个过程。

随着资本的增长，资本利润由于竞争而减少。因此，遭殃的首先是小资本家。

资本的增长和大量资本的存在以一国的财富的日益增进为前提。

“在财富达到极高程度的国家里，通常的赢利率非常低，从而这个赢利容许支付的利息是如此之少，以致除了最富有的人以外任何人都不可能再靠利息过活。因此，所有的中产者都不得不亲自运用自己的资本，用它经营某一企业，或者参加某一商业部门。”（斯密，第 1 卷，第［196］—197 页）

这种状态是国民经济学所最欣赏的状态。

“资本总额和收入总额之间的比例在任何地方都决定着勤劳和怠惰之间的比例：凡是资本占优势的地方必然勤劳之风盛行；凡是固定收入占优势的地方必然怠惰之风盛行。”（斯密，第 2 卷，第 325 页）

在竞争扩大的条件下，运用资本的情况如何呢？

“随着资本的增加，附利贷款资金的数量必然日益增长。随着这种资金的增长，货币利息会日益降低，（1）因为一切物品的市场价格随着这些物品数量的增长而降低，（2）因为随着**一国资本的增加**，新资本越来越难以找到有利可图的运用。于是不同资本之间就产生了竞争，而一个资本的所有者千方百计地想把其他资本所已经攫取的企业据为己有。但是如果他不［向自己的顾客］提供更有利的交易条件，那么他就大半不能指望挤掉其他资本。他不仅必须以廉价销售物品，而且为了寻找销售的机会，往往以高价收购物品。用以维持生产劳动的资金越多，对劳动的需求就越大：劳动者很容易找到工作，‖**IX**｜而资本家则很难找到劳动者。资本家间的竞争引起工资的提高和

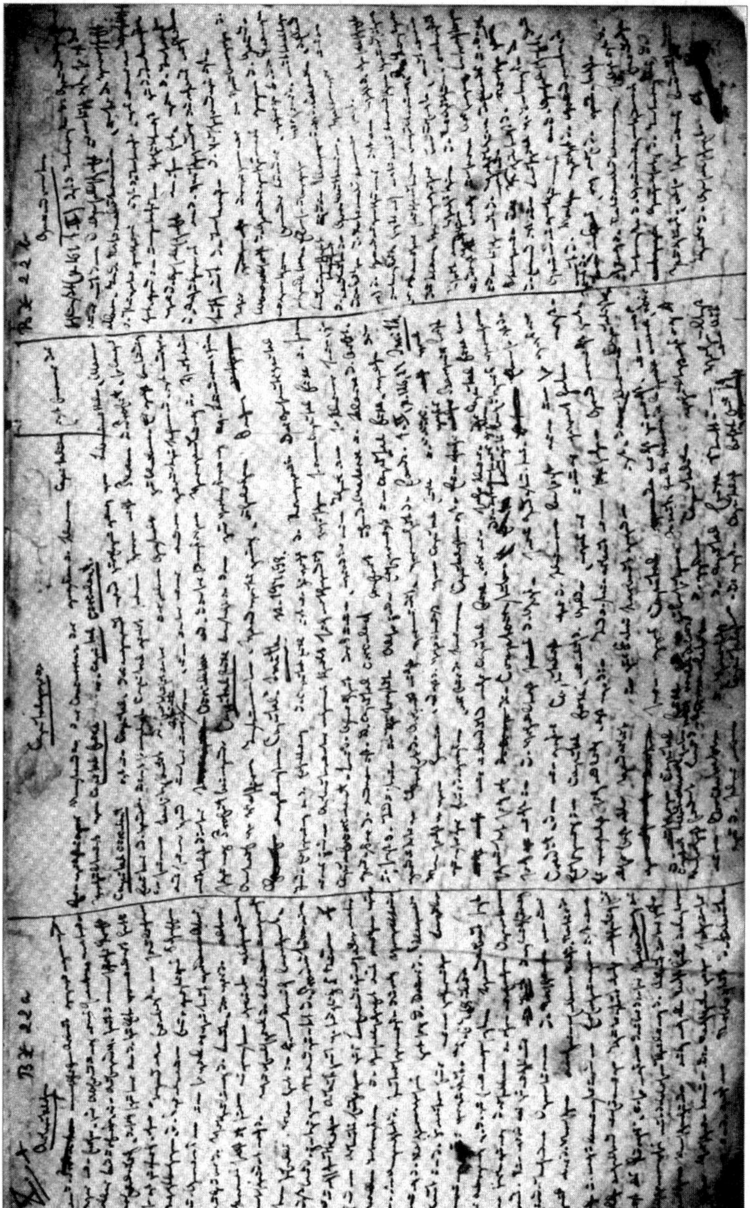

《1844年经济学—哲学手稿》第一手稿第X页

利润的降低。”（斯密，第2卷，第358—359页）

因此，小资本家必须在下述二者中选择其一：（1）或者是由于他已经不能靠利息过活而把自己的资本吃光，从而不再是资本家；（2）或者是亲自经营企业，比更富有的资本家卖得贱些而买得贵些，并且支付较高的工资。既然市场价格由于预计会有的激烈竞争而本来已经很低，那么小资本家自然要陷于破产。反之，如果大资本家想挤掉小资本家，那么他就较之小资本家有着资本家作为资本家对劳动者所具有的一切优势。对他来说，较低的赢利可以由较大数量的资本来补偿；他甚至可以如此长久地经得住暂时的亏损，直至小资本家破产，直至他摆脱小资本家的竞争。他就是这样把小资本家的赢利为自己积累起来。

其次，大资本家总是比小资本家买得便宜，因为他的进货数量较大。所以，他卖得便宜些也不致亏损。

但是，如果说贷款利息的下降会使中等资本家由食利者变为企业家，那么反之亦然：企业资本的数目的增长以及因此而造成的赢利的减少，会引起贷款利息的降低。

“随着能够从资本的运用中取得的入息的减少，对这笔资本的运用所能支付的那个价格也必然同时降低。”（**斯密**，第2卷，第359页）

“财富、工业、人口越是增长，贷款利息、从而资本家的赢利就越是降低；然而，尽管赢利减少，资本家本身却继续增加，而且比以前更迅速地增加。大资本即使赢利低，也照例比赢利高的小资本增长得远为迅速。俗话说得好：钱能生钱。”（斯密，第1卷，第189页）

如果赢利低的一些小资本与这个大资本相对立，像在我们所设想的那种激烈竞争的状态下发生的那样，那么大资本就会把它们完全打垮。

在这样的竞争下，正如在大城市中所看到的那样，商品的普遍粗劣化、伪造、假冒、普遍掺毒等等，乃是必然的结果。

‖X|此外，**固定资本**和**流动资本**之间的比例，也是大资本和小资本的竞争中的一个重要情况。

“**流动资本**就是制造业或商业用于制办生活资料的资本。只要它仍然掌握在所有者手中或者仍然保持以前的形态，它就不会给自己的所有者带来收入或利润。它不断地以一定的形式离开所有者，然后再以另一种形式回归所有者，并且只是通过这种流通，亦即只是通过这种连续的转化和交换，才带来利润。**固定资本**就是用于改良土地，购置机器、器械、工具之类的物品的资本。”（斯密，第2卷，第197—198页）

“维持固定资本的开支的任何节省都意味着纯赢利的增长。任何企业家的总资本必然地分成固定资本和流动资本。只要总资本的总额不变，那么它的一部分越大，则另一部分就越小。

流动资本用于购买原料、支付工资和开动生产。因此，固定资本的不减少劳动生产力的任何节省，都会增加生产的资金。”（**斯密**，第2卷，第226页）

从一开始就已经可以看出，固定资本跟流动资本的比例对大资本家远比对较小资本家有利。极大的银行家所需要的固定资本只是略多于极小的银行家，因为二者的固定资本都只限于用在银行办公处上的费用。大土地所有者的生产工具决不按照他的土地面积的大小正比例地增多。同样地，大资本比小资本享有较大的信用，这是它的固定资本，亦即它的一笔必须经常准备的货币的较大节省。最后，不言而喻，凡是工业劳动达到高度发展阶段的地方，亦即几乎所有的手工劳动都已变成工厂劳动的地方，那里的小资本家即使举其全部资本来仅仅购置必要的固定资产，也是不敷应用的。大家知道，大农业经营中的劳动，通常只占用不多的劳动人手。

在大资本积累的情况下，与较小的资本家相比，一般地还发生固定资本的相应的集中和简化。大资本家为自己实行一种 ‖XI| 劳动工具的组织方法。

“同样地，在工业领域中，每个作坊和每个工厂已经是相当大一批物质财富为了生产这个**共同**目的而同多种多样的智慧和技能实行的广泛结合……凡是立法保护大地产的地方，日益增长的人口的过剩部分就会涌向工商业，结果，正如我们在英国所看到的那样，大群的无产者主要地汇集在工业领域。凡是立法容许土地不断分割的地方，如像在法国那样，负债的小所有者的数目就会增加起来，这些小所有者通过土地的进一步分割而沦为穷困不满者的阶级。最后，当这种分割和过重的负债达到极高程度时，大地产就会吞并小地产，正像大工业摧毁小工业一样；而由于相当大块的地产的重新形成，不再为土地耕作所必需的穷苦劳动群众就都又涌向工业。”（舒耳茨：《生产的运动》，第［58］—59页）

“同一种商品的性质通过生产方法的改变，特别是通过机器的采用而发生变化。只是由于排除了人力，才有可能用价值三先令八便士的一磅棉花，纺出长一百六十七英里或三十六德里、而价值为二十五基尼的三百五十束纱。”（同上，第62页）

“四十五年来英格兰的棉纺织品价格平均降低十二分之十一，而1814年还需要付十六先令的那个数量的制造品，据马歇尔计算，现在值一先令十便士。工业产品的大落价既扩大了国内的消费，也扩大了国外市场；因此，英国棉纺织工业劳动者的人数在采用机器以后不仅没有减少，反而从四万增加到一百五十万。‖**XII**|至于工厂主和劳动者的收入，由于工厂主之间的竞争的加剧，他们的赢利必然同他们供应的产品量成比例地减少。在1820—1833年这一期间，曼彻斯特的工厂主在每一匹印花布上所得的总赢利由四先令一又三分之一便士，减少

到一先令九便士。但是，为了补偿这个损失，生产量更加增大了。因此，在某些工业部门中有时发生生产过剩现象；破产频频发生，结果在资本家和雇主阶级**内部**发生所有权的波动不定和震荡的现象，这种波动和震荡把一部分经济破产的所有者投入无产阶级的队伍；同时，常常不得不突然实行停工或减产，而雇佣劳动者阶级总是要大吃其苦头。”（同上，第 63 页）

“出租自己的劳动就等于开始自己的奴隶生活；而出租劳动材料就等于确立自己的自由…… 劳动是人，反之，劳动材料则根本不是人。”（**斐柯尔:**《社会经济的新理论》，第 411—412 页）

“没有另一个要素即**劳动**，**材料**这个要素就根本不能创造财富；在材料所有者看来，材料所以具有创造财富的魔力，仿佛是由于他们用自己本身的活动给材料加进了这种不可缺少的要素。”（同上）“如果假定一个劳动者的日常劳动每年给他平均带来四百法郎，同时假定这个数目足够一个成年人维持最起码的生活之用，那么，这就等于说，一个每年拥有二千法郎利息、地租、房租等等收入的所有者在间接地迫使五个人为自己劳动；十万法郎的收入表示二百五十人的劳动，而一百万法郎则表示二千五百人的劳动。”从而，三亿法郎（路易·菲力浦币）表示七十五万个劳动者的劳动（同上，第 412—413 页）。

“人［制定］的法律赋予所有者以使用和滥用亦即随心所欲地处置任何劳动材料的权利…… 法律并不责成所有者经常地

和及时地给那些没有财产的人提供工作，并经常地付给他们足够的工资，等等。”（同上，第413页）“在确定生产的性质、数量、质量和时机方面是完全自由的；在财富的使用和消费以及一切劳动材料的支配方面是完全自由的。每个人都可以只考虑自己本身的利益，随心所欲地自由交换自己的物品。”（同上，第413页）

“竞争不过是自由的交换的表现，而自由的交换又是使用和滥用任何生产工具的个人权利的合乎逻辑的直接结果。实质上构成一个统一整体的这三个经济因素——使用和滥用的权利，交换的自由和无限制的竞争——引起如下的后果：每个人都可以按照他所乐意的方式，在他所乐意的时间和地点，生产他所乐意生产的东西；他可以生产得好些或坏些，过多些或过少些，过早些或过迟些，过贵些或过贱些；谁也不知道他能否卖出去，怎样卖，何时卖，何处卖，卖给谁。买进的情况也是如此。‖**XIII**|生产者既不知道需要也不知道原料来源，既不知道需求也不知道供给。他在他想卖和能够卖的时候，在他所乐意的地点，按照他所乐意的价格，卖给他所乐意卖的人。买进的情况也是如此。他在这一切方面总是偶然情况的玩偶，是更强者、更宽裕者、更富者所强加的法律的奴隶…… 在一个地方是财富的不足，而在另一个地方则是财富的过剩和浪费。一个生产者卖得很多或者卖得很贵并且利润丰厚，而另一个生产者则卖不出去或者卖得亏

本…… 供给不知道需求，而需求不知道供给。你们迎合消费者的爱好和时兴进行生产；可是，当你们准备好了这种商品的时候，他们的兴头却已经过去而转到另一种产品上去…… 这一切情况的必然结果就是连续不断的和范围日益扩大的破产；失算，突如其来的破产和出乎意料的致富；商业危机，停业，市场的周期滞销或脱销；工资和利润的不稳定和下降；激烈竞争的舞台上财富、时间和精力的损失或惊人的浪费。”（同上，第414—416页）

李嘉图在他的书（《地租》）中说：各国只是生产的作坊；人是消费和生产的机器；人的生命就是资本；经济规律盲目地支配着世界。在李嘉图看来，人是不足道的，而产品则是一切。在法译本第二十六章中说：

“一个拥有二万法郎资本而每年赚得二千法郎利润的人，他的资本究竟能给一百人提供工作还是给一千人提供工作，这对他来说是完全无所谓的…… 一国的现实利益不也是这样吗？只要它的现实的纯收入、它的地租和利润保持不变，那么这个国家是由一千万居民组成还是由一千二百万居民组成，是根本无关重要的。”（第2卷，第194—195页）德·西斯蒙第先生说（第2卷，第331页）：“确实，就只能盼望国王孤零零地住在自己的岛上，不断地转动把手，靠自动机来完成英国的全部工作了。”[27]

“用仅够满足劳动者最迫切需要的低价格来购买劳动者的劳动的雇主，无论对工资的不足或对劳动时间的过长，都是不负担任何责任的，因为他自己也要服从他强加给别人的规则……贫困的根源与其说在于人，无宁说在于物的力量。”（毕莱，前引书，第 82 页）

“在英格兰有许多地方，那里的居民缺乏足够的资本来合理地耕种土地。苏格兰南部各州①的大部分羊毛为了运到约克郡去加工，不得不在很坏的道路上做长途跋涉的旅行，因为在羊毛产地缺乏加工制造所需的资本。英格兰有许多小工业城市，那里的居民缺乏足够的资本把它们的工业产品运到遥远的市场去，而这种产品在那里是可以找到需求和消费者的。这里的商人‖XIV|都是住在某些大商业城市中的更富有的商人的代理人。”（**斯密**，第 2 卷，第 382 页）“要提高土地和劳动的年产品的价值，就只有下述两种办法：或者是增加**生产劳动者的人数**，或者是提高已被雇用的**劳动者的劳动生产能力**…… 两种情况都几乎总是必须追加资本。”（斯密，第 2 卷，第 338 页）

“因此，资本的**积累**按照事物的性质来说乃是分工的必不可少的前提，因而只有随着资本的日益增多的积累，分工才能进一步发展。分工越细，同样人数所能加工的材料的数量也就

---

① 手稿上写的是“东部各州”。——编者注

越多；而由于每个劳动者的工作日益简单化，所以减轻和缩减这些工作的机器也日新月异地发明出来。因此，随着分工的发展，为了使同样数量的劳动者不断地工作，就必须预先准备好和先前同样数量的生活资料，以及比先前不大发达的条件下所需要的那个数量多得多的原料、工具和器具。在任何生产部门中，劳动者的人数总是随着这一部门中分工的发展而增长，或者无宁说，正是劳动者人数的这种增长才使劳动者有可能实现这种分门别类的分工。”（斯密，第2卷，第193—194页）

“正如没有资本的预先积累，劳动就不可能使生产力获得这种巨大发展一样，资本的积累也自然而然地导致这种发展。资本家力图运用自己的资本来生产尽可能多的产品，因此他极力在自己的劳动者中实行最合理的分工，并且给劳动者提供尽可能好的机器。他能否在这两方面获得成功，‖XV|取决于他的资本的大小和这笔资本所能雇用的人数。因此，不仅一国的劳动的量随着运用劳动的那个资本的增长而增长，而且，由于资本的这种增长，同一数量的劳动可以生产出多得多的产品。”（斯密，第2卷，第194—195页）

这就出现了**生产过剩**。

“通过更大数量和更多种类的人力和自然力为了更大规模的企业而结合，工业和商业中的……生产力更广泛地联合起来。而且，主要生产部门到处都已更密切地结合起来。例如，大工

厂主们也力图购置大地产，以便不必通过别人之手来至少得到他们的工业企业所需要的一部分原料；或者他们结合着自己的工业企业来开展商业，不仅是为了销售自己本身的产品，而且也为了购买其他种类的产品和把它们卖给自己的劳动者。在个别工厂主有时拥有一万到一万二千个劳动者的英格兰，……各种生产部门在**一个**领导人物领导之下的这种结合，这种所谓国家之内的小邦或属领，已经屡见不鲜。例如，**伯明翰**附近的矿主近来已把制铁的**全部**过程掌握起来，而过去这个生产全过程是分散在许多企业家和所有者手里的。参阅论文《伯明翰矿山工业区》，载 1838 年《德意志季刊》第三期。——最后，我们在目前已如此众多的大股份公司那里，还看到**许多**股东的财力同其他主持实际工作的人的科学技术知识和技能的广泛结合。这样一来，资本家就有可能用更多种多样的方式来利用自己的积蓄，甚至把它同时用于农业、工业和商业，因而他们的利益就变得更多面化了，‖XVI|而农业、工业和商业的利益之间的对立也缓和起来并趋于消灭。然而，正是这种易于用不同方式利用资本的可能性本身，必然地要促进富有阶级和穷苦阶级之间对立的加深。”（舒耳茨，前引书，第 40—41 页）

房产主从穷人身上取得的巨额赢利。房租跟工业[所造成的]贫困成反比。

从沦落的无产者的放荡行为也取得利息（卖淫，酗酒，凭抵押品放债的高利贷）。

当资本和地产掌握在同一个人手中时，以及当资本由于数额庞大而能把各种生产部门结合起来时，资本的积累日益增长，而资本间的竞争日益减少。

对人的漠不关心。斯密的二十张彩票[28]。

萨伊的纯收入和总收入。| XVI‖

地 租

‖I | **土地所有者的权利**导源于掠夺（萨伊，第1卷，第136页，注）。土地所有者也像所有的人一样喜欢在他们没有播种的地方进行收获，甚至对于土地的自然产物也要求地租（**斯密**，第1卷，第99页）。

“也许有人会认为，地租不过是土地所有者用于改良土地的资本的赢利…… 有时地租可能部分地是这种赢利…… 但是，（1）土地所有者甚至对未改良的土地也要求地租，而可以看作是改良费用的利息或赢利的那个东西，则往往是对原来的地租的一种追加额（附加费）；（2）此外，这种改良并不总是用土地所有者的资金，而有时是用租佃者的资金来进行的；虽然如此，当重订租约时，土地所有者却照例总是要求提高地租，

《马克思画像》（版画） 李 庚 作

仿佛这整个改良都是用他自己的资金进行的。（3）而且，他有时甚至对那根本不能用人力来加以改善的东西也要求地租。”（**斯密**，第 1 卷，第 300—301 页）

作为说明最后一种情况的例子，斯密举出了猪毛菜（Seekrapp，salicorne）。

“这是一种海洋植物，一经燃烧便可成为制造玻璃、肥皂等等所用的碱性盐。这种植物生长在英国，特别是苏格兰各地，但只是生长在那些位于退潮和涨潮之间的水位上的岩石上；这些岩石每天被海潮淹没两次，因此它们的产品决不能由于投入人力而增多。虽然如此，生长这种植物的地段的所有者却像对播种谷物的田地一样要求地租。设德兰群岛附近的海域盛产鱼类。该群岛的大部分居民 ‖II｜都靠捕鱼为生。但是要从海产获得赢利，就势必在近海的陆地上有一个住所。这里的地租不是比例于租佃者可能从土地取得的产物，而是比例于他可能从土地和海洋取得的产物的总和。”（**斯密**，第 1 卷，第 301—302 页）

“可以把地租看作是土地所有者出借给租佃者去利用的那些**自然力**的产物。这种产物的多少，取决于相应的自然力的大小，换言之，取决于土地的自然肥力或人工肥力的大小。这就是扣除或抵消了一切可以看作是人力的产物的东西以后所剩下的那个自然产物。”（**斯密**，第 2 卷，第 377—378 页）

“因此，被看作是为使用土地而支付的代价的**地租**，当然是一种**垄断价格**。地租的高低决不与土地所有者对土地所进行的改良成正比，也决不与土地所有者为了不致亏损而必须取得的数额成正比，而是与租佃者在不致亏损的条件下所能够提供的那个数额成正比。”（**斯密**，第 1 卷，第 302 页）

“在这三大阶级中，土地所有者阶级是这样一个阶级，他们无须劳动和操心就可取得收入：这种收入是所谓自然而然地落到他们手中的，而用不着这个阶级进行任何预谋和筹划。”（**斯密**，第 2 卷，第 161 页）

我们已经听到，地租的高低取决于土壤**肥力**的大小。

决定地租高低的另一个因素是土地的**位置**。

“无论土地的产品如何，地租依土壤**肥力**而变动，并且无论土壤肥力如何，依土地的**位置**而变动。”（**斯密**，第 1 卷，第 306 页）

“如果土地、矿山或渔场的自然丰饶度相同，那么它们的产品量就取决于用于耕作或开发的资本的数额以及 ‖ **III** | 运用这种资本的本领的大小。如果资本的数额相同和运用资本的本领相同，那么产品量就将与这些土地、矿山或渔场的自然丰饶度成正比。”（**斯密**，第 2 卷，第 210 页）

斯密的这些论点之所以重要，是因为在生产费相同和资本额相同的条件下，它们把地租归结为土壤肥力的大小。这清楚地证明了把土壤肥力变成土地所有者的属性的国民经济学的概念颠倒。

但是，现在让我们来考察一下地租在人们之间现实的交易中是如何形成的。

地租是通过**租佃者和土地所有者之间的斗争**确定的。我们在国民经济学中随处都可以看到，各种利益之间的敌对、斗争、战争被承认为社会结构的基础。

我们就来看一看土地所有者和租佃者之间的相互关系是怎样的。

“当确定租约的条件时，土地所有者力图尽可能使留给租佃者的数额，仅够补偿用于购买种子，支付工资，购买和保养耕畜及其他生产工具的资本，以及取得该地区佃耕土地的通常赢利。显然，这个数额是租佃者在不致亏损的条件下所能感到满足的最小数额，而土地所有者是决不想留给他更多的。土地所有者极力要把产品或产品价格高于这个数额的部分作为地租留归自己，而不管这个余额有多大；这种地租就是租佃者在土地现状下所能支付的最高地租。‖IV|始终可以把这个余额看作自然地租，亦即看作大多数土地在出租时会自然而然地得到的那个地租。”（**斯密**，第1卷，第299—300页）

萨伊说：“土地所有者对租佃者实行着一种垄断。对他们的商品即土地的需求可能不断地增长；但他们的商品的量却只能扩展到某一点为止…… 土地所有者和租佃者之间所达成的交易，总是对前者尽可能有利的…… 除了他从物的本性取得的利益之外，他还从自己的地位，较大的财产、信用、名望中取得利益；但是，光是第一种利益就足以使他能够**独**享他的土地的一切有利的条件。运河或公路的修建，该地区人口和福利的增长，总是提高租价…… 诚然，租佃者本人也可能自己出钱来改良土壤；但是他只能在租佃期间从这笔投资中获得利益，租期一满，全部利益就转归土地所有者了；从这时起，土地所有者虽然在这方面没有用去分文，却从这方面取得利息，因为地租相应地增长了。”（**萨伊**，第1卷，第142—143页）

“所以，被视为使用土地的代价的地租，自然是租佃者在土地的现状下所能支付的最高价格。”（**斯密**，第1卷，第299页）

“因此，地面的地租大都占总产品的三分之一，并且这个数额通常是固定的，‖V|不受收成的偶然波动的影响。”（**斯密**，第1卷，第351页）“低于总产品的四分之一的地租是很少见的。”（同上，第2卷，第378页）

并非对一切商品都能支付**地租**。例如，在许多地方，对石头便不支付地租。

“能够上市的土地产品，通常只是土地产品的这样一部分，其通常价格足以弥补把这些产品运输上市所需的资本，并取得这笔资本的通常赢利。如果价格足以弥补上述数额而有余，则余额就自然转为地租。如果价格刚够弥补上述数额，则商品虽可上市，但不会有余额向土地所有者支付地租。价格是否会提供余额，这取决于需求。”（**斯密**，第1卷，第302—303页）

“地租以完全不同于工资和资本赢利的**另一种方式**构成**商品的价格**。**工资和赢利的高低**是商品价格高低的**原因**，而地租的高低则是这一价格的**结果**。”（**斯密**，第1卷，第303—304页）

食物是经常带来地租的**产品**之一。

“像一切动物一样，人口的增殖也跟它现有的生活资料成正比。因此，对于食物总是有或多或少的需求。任何时候都能够用食物‖VI|来购买一定量的劳动，并且任何时候都有人愿意为获得食物而从事某种劳动。诚然，由于工资有时高些，因而一定量食物所能购买的劳动量，并不总是与食物在它分配得最节省时所能养活的那个劳动量**相等**。但是，食物总是能够购买到它按照某个地方的某种劳动的现有标准所能养活的那个数量的劳动。土地几乎不论其位置如何，它所生产的食物总是多于养活生产这种食物（直至把它运往市场）的全部劳动所必需的那个数量。这种食物的剩余总是足以弥补雇用这种劳动所需的资本及其赢利而有余。因此，经常有余额付给土地所有者作为地租。”（斯密，第1卷，第305—306页）“食物不仅是地租的最初来源，而且后来，当其他土地产品也开始带来地租的时候，地租的这种价值的增加仍应归因于生产食物的劳动生产力通过土地的耕作和土壤的改良而实现的增长。”（斯密，第1卷，

第 345 页）“因此，人的食物总是提供支付地租的可能性。”（第1卷，第 337 页）“一国的人口并不跟该国的产品能够为之提供衣服、住宅的那个人数相符合，而是跟该国能为之提供食物的那个人数相符合。”（**斯密**，第 1 卷，第 342 页）

“除了食物以外，人类的两个最重要的需要就是对衣服和住宅（连同取暖）的需要。”满足这些需要的产品大都可以带来地租，但并非经常必定如此。（**斯密**，第 1 卷，第 337—338 页）| **VI** ‖

‖ **VIII** | 现在让我们来看看土地所有者如何盘剥社会的一切利益。

（1）地租随着人口的增长而提高（斯密，第 1 卷，第 335 页）[29]。

（2）我们已经从萨伊那里听到，地租如何随着铁路等等的修建，随着交通联络工具的改善和增多及其安全性的提高而提高。

（3）“社会生活条件的一切改善都有这样一种倾向：**直接**或**间接地**提高地租，扩大土地所有者的实际财富，亦即增大土地所有者对别人的劳动或劳动产品的购买力…… 土壤改良和土地耕作方面的进步就直接造成这种结果。随着产品的增长，土地所有者所得的那一份产品也必然增长…… 这些原料的实际价格的上升，例如，牲畜价格的上升，也直接地，并且以更大的比例，导致地租的提高。随着土地产品的实际价值的增长，不仅土地所有者所得份额的实际价值以及从而他支配别人劳动的实际能力增长了，而且土地所有者所得的那一份在总产品中所占的比重也增长了。这种产品的实际价格上升之后，为提供这种产品和补偿投入的资本及其通常的赢利，并不比过去需要更多的劳动。这样，现在留归土地所有者的那一部分产品，在总产品中的比重将比过去远为增大。”（**斯密**，第2卷，第157—159页）

‖IX| 对原料的需求的增长以及由此而产生的原料价值的提高，可能部分地是人口及其需要增长的结果。但是，每一项新的发明，工业对于过去从未利用或很少利用的原料的每一次新的采用，都提高地租。例如，随着铁路、轮船等等的出现，煤矿场的地租猛烈地增长了。

除了土地所有者从工业、各种发现和劳动所取得的这种利益以外，我们现在再来看一看另一种利益。

（4）“提高劳动生产力的各种改良既直接导致工业品实际价格的降低，也间接导致实际地租的提高。土地所有者拿超过他个人消费的那一部分剩余的原料或这部分原料的价格，用来交换工业品。凡是降低工业品的实际价格的东西，都提高农产品的实际价格。从此，同一量的原料将相当于较多量的工业品，因而土地所有者可以得到较多的享乐品、装饰品和奢侈品。”（**斯密**，第2卷，第159页）

《1844 年经济学—哲学手稿》第一手稿第 XXVI 页

但是，斯密根据土地所有者盘剥社会一切利益这一事实得出‖X|结论说（第2卷，第161页），土地所有者的利益总是和社会利益一致的，这就荒谬了。在国民经济学看来，在私有财产占统治地位的条件下，个人从社会得到的利益是和社会从个人得到的利益成反比的，正像高利贷者从浪费者得到的利益决不与浪费者的利益相一致一样。

我们现在只是顺便谈谈土地所有者对外国地产的垄断欲；例如，谷物法就是导源于这种垄断欲的。同样地，我们在这里将不谈中世纪的农奴制、殖民地的奴隶制、英国打短工的农民的贫困。让我们继续按照国民经济学本身的各项原理来考察下去吧。

（1）按照国民经济学的原理，土地所有者从社会的繁荣得到好处；他从人口和工业生产的增长，从社会需要的增长，总之，从社会财富的增长得到利益，而正如我们在前文中已经考察的，这种增长是同贫困和奴役的增长一致的。房租的上涨和贫困的增长之间的联系，是土地所有者从社会得到利益的一个例子，因为随着房租的上涨，地租——房基地的租金——也在增长。

（2）在国民经济学家们本身看来，土地所有者的利益是和租佃者，亦即社会的颇大部分人的利益相敌对的。[29a]

‖XI|（3）由于租佃者支付的工资越少则土地所有者能够向租佃者索取的地租越高，以及由于土地所有者向租佃者索取

的地租越高则租佃者越是压低工资，所以，土地所有者的利益是跟雇农的利益相敌对的，正如工厂主的利益是跟他的工人的利益相敌对的一样。土地所有者的利益同样把工资压到最低限度。

（4）由于工业品价格的实际降低可以提高地租，所以，土地所有者从工业劳动者工资的降低，从资本家间的竞争，从生产过剩，从工业所造成的一切灾难，直接得到利益。

（5）因此，如果说土地所有者的利益跟社会利益根本不一致，并且跟租佃者、雇农、工业劳动者和资本家的利益相敌对，那么从另一方面说来，一个土地所有者的利益，由于竞争之故，也决不跟另一个土地所有者的利益相一致。我们现在就来考察一下这种竞争。

大地产和小地产之间的相互关系大体上是跟大资本和小资本之间的相互关系一样的。此外还有一些特殊的情况必然地引起大地产的积累和大地产对小地产的兼并。

‖**XII**|（1）劳动者和劳动工具所占的比重，在任何地方也不像在农业中那样随着资金的增大而降低得那么多。同样地，全面剥削的可能性，生产费用的节约和合理的分工，在任何地方也不像在农业中那样随着资金的增大而提高得那么多。不管地块多么小，耕作这块土地所必要的劳动工具如犁、锯等等的数量到一定限度便不能再减，而地产的面积则可能小到大大低

于这个限度。

（2）大土地所有者把租佃者投入土壤改良方面的那笔资本的利息据为自己的积累。小土地所有者则不得不把自己的资本投入这一方面。因而，对他来说，这全部利润便化为乌有。

（3）每一项社会改良都对大土地所有者有利，而对小土地所有者则有害，因为这种改良总是要求小土地所有者付出大笔的现款。

（4）在考察这种竞争时还应谈谈两个重要的规律：

α 为生产人的食物而耕种的土地的地租，决定着大部分其他耕地的地租（斯密，第1卷，第331页）。

归根结底只有大地产才能生产诸如牲畜之类的食物。因此，大地产决定着其他土地的地租，并能把它降到最低限度。

在这种情况下，自己耕种自己土地的小土地所有者同大土地所有者的关系，正像拥有**自己的**工具的手工业者同工厂主的关系一样。小地产简直成了劳动工具。‖XVI|[30]对小土地所有者说来，地租完全消失了，留给他的至多只是他的资本的利息和他的工资；因为经过竞争，地租可能降低到这种程度，以致地租将刚好相当于不是土地所有者本人所投入的那笔资本的利息。

β 此外，我们已经知道，如果土地、矿山或渔场的丰饶度相等和经营能力相等，那么产品就跟资本额成正比。因而，大地产总是取得胜利。同样地，如果资本额相等，那么产品就跟土地的肥沃性成正比。因而，在资本额相等的条件下，胜利总是在较肥沃土地的所有者一边。

γ“说一个矿山是富饶还是贫瘠，总是要看用一定量的劳动能够从它取得的矿物量，是多于还是少于用同量劳动可从大部分其他同类矿山所能取得的矿物量。”（斯密，第1卷，第345—346页）“最富饶的矿井的产品价格决定着邻近其他一切矿井的煤价。土地所有者和企业主都知道，如果他们的产品的售价低于他们的邻居，那么一者将得到较高的地租，而另者将得到较大的利润。在这种情况下，邻居们也不得不按同样的价格出售自己的产品，虽然他们不大有能力这样做，虽然这种价格会越来越降低，有时甚至会使他们完全得不到地租和利润。结果，一些矿井完全停止开采，另一些矿井已经不能带来任何地租，而只有土地所有者本人才能继续开采。”（斯密，第1卷，第350页）“秘鲁矿山发现以后，欧洲的银矿大都停业……　古巴和圣多明各的矿山，甚至秘鲁的老矿，在波托西的矿山发现之后也曾发生同样的现象。”（第1卷，第353页）

斯密在这里关于矿山所说的话，或多或少也适用于一般的地产。

δ“值得注意的是，土地的通常的市场价格经常取决于通常的利率……　如果地租大大低于货币利息，那么，任何人都不会购买土地，从而土地的市场价格很快就会降低。反之，如果地租的收益足以抵补货币利息而绰绰有余，那么，所有的人都会争购土地，从而土地的市场价格很快就会恢复。”（斯密，第2卷，第367—368页）

从地租和货币利息之间的上述关系可以得出结论说，地租必然越来越降低，以致最后只有最富有的人才能靠地租过活。这样一来，不出租土地的土地所有者之间的竞争便不断加剧。一部分土地所有者破产。大地产进一步集中。

‖XVII| 其次，这种竞争还使得大部分地产落入资本家手中，从而资本家同时也成为土地所有者，正如较小的土地所有者现在一般地只是作为资本家而存在一样。同样地，一部分大土地所有者同时还成为工业家。

因此，最终的结果是资本家和土地所有者之间的差别的消灭，以致在居民中大体上只剩下两个阶级：劳动者阶级和资本家阶级。地产的买卖，地产之转化为商品，意味着旧贵族的彻底没落和金钱贵族的最终形成。

(1) 浪漫主义者为此而抛洒的感伤之泪是我们所不取的[31]。他们经常把**唯利是图的土地买卖**[32]中的卑鄙行为同**私有地产买卖**中所包含的那些完全合理的、在私有制范围内是必不可免的和求之不得的后果混为一谈。首先，封建地产就其本质说来已是用卑鄙龌龊手段买卖了的土地，已是从人异化出去的并因而是以少数大领主的形态与人相对立的土地。

封建的土地所有制已经包含着土地作为某种异己的力量对人的统治。农奴是土地的附属物。同样地，长子继承权的拥有者即长子，也属于土地。土地继承了他。私有财产的统治总是从土地占有开始的；土地占有是私有财产的基础。但是，在封建的土地所有制下，领主至少**在表面上看来**是领地的君主。同时，在封建领地上，领主和土地之间还存在着比单纯**物质**财富的关系更为密切的关系的假象。土地随同它的主人一起个性化，有它的爵位，即男爵的或伯爵的；有它的特权、它的审判权、它的政治地位等等。土地仿佛是它的主人的无机的身体。因此谚语有云："nulle terre sans maître"［"没有无主的土地"］。这句话表明了领主的权势是同领地连生的。同样地，地产的统治在这里也并不直接表现为赤裸裸的资本的统治。属于这块地产的人们对待这块地产无宁说就像对待自己的祖国一样。这是一种极其狭隘的民族主义。

‖XVIII｜正像王国给自己的国王以称号一样，封建地产也给自己的领主以称号。他的宗族的历史，他的门第的历史等等——这一切对他来说都把他的地产个性化，把地产名正言顺地变成他的门第，变成一个人格。同样地，那些耕种他的领地的人并不处于**雇佣短工**的地位，而是一方面像农奴一样本身就是他的财产，另一方面对他保持着尊敬、臣属和输纳贡赋的关系。

因此，领主对待他们的态度是直接政治的态度，同时又有**人情的**一面。风尚、性格等等依土地而不同；它们仿佛是同一块一块的土地连生的，但后来把人和土地连在一起的便不再是人的性格、人的个性，而仅仅是人的钱袋了。最后，封建领主并不汲汲于从自己的领地取得最大限度的收益。相反地，他消费掉那里所有的东西，而心安理得地让农奴和租佃者去操心生财之道。这就是给领主投上一圈浪漫主义的灵光的那种**贵族式的**对待领地的态度。

这种假象必然消失，地产这个私有财产的根源必然完全卷入私有财产的运动而成为商品；所有者的统治必然失去一切政治的色彩，表现为纯粹的私有财产、资本的统治；所有者和劳动者间的相互关系必然归结为剥削者和被剥削者间的经济上的关系；所有者和他的财产间的一切人格的关系必然终止，而这个财产必然成为纯**实物的**、物质的财富；与土地的门当户对的婚姻必然为利害打算的婚姻所代替，而土地也像人一样必然降低到买卖价值的水平。土地所有权的根源，即卑鄙的自私自利，也必然以其无耻的形式表现出来。安稳的垄断必然变成动荡的、不安定的垄断，即变成竞争，而对他人血汗的悠闲自在的享受必然变成对他人血汗的奔忙劳碌的交易。最后，在这种竞争的过程中，地产必然以资本的形式既表现为对劳动者阶级的统治，也表现为对那些由于资本运动的规律而升降浮沉的所有者本身的统治。从而，中世纪的谚语“nulle terre sans seigneur”［“没有无主的土地”］便为现代的谚语“l'argent n'a pas de maître”［“金钱没有主人”］所代替。后一谚语清楚地表明了死的物对人的完全统治。

‖XIX｜（2）关于地产可分割或不可分割的争论，应该叙述如下：

地产的分割是对**大**地产**垄断**的否定；但只有通过垄断的**普遍化**，分割才扬弃垄断。地产分割并不扬弃垄断的基础——私有制。它只触及垄断的存在形式，而不触及垄断的本质。结果，地产分割成了私有制规律的牺牲品。因为地产分割是适应于工业领域的竞争运动的。除了来自工具的分散和劳动的相互分离（应当把这种分离同分工区别开来：这里不是一件工作在许多人中间的分担，而是同样的工作由各个人孤立地进行，也就是说，同样的工作的无数次重复）的经济上的不利之外，这种分割也和上述的竞争一样，必然要重新转化为积聚。

因此，凡是进行地产分割的地方，就只能或者回到更加丑恶的形式的垄断，或者否定、扬弃地产分割本身。但这已经不是退回到封建的土地所有制，而是扬弃整个土地私有制。对垄断的第一个扬弃总是垄断的普遍化，亦即它的存在范围的扩大。扬弃了无孔不入和无所不包的垄断，才算是完全消灭了垄断。联合的方法一旦应用于土地，就享有大地产在经济上所享有的那些优越性，并将第一次实现分割的本来倾向——平等。同时，联合还通过合理的途径，而不是借助于农奴制度、发号施令和有关所有权的荒谬的神秘主义，来恢复人和土地之间的温情脉脉的关系，因为土地不再是唯利是图的买卖的对象，而通过自由的劳动和自由的享受，重新成为人的真正的、属于自身的所有物。地产分割的一个巨大优点是，将有一批不能再甘心忍受奴役的人，以不同于工业中的方式失去财产而没落。

至于大地产，它的维护者总是用诡辩的方式把大农业在经济上的优越性同大地产混为一谈，仿佛这种优越性不是恰恰通过[这种]财产的废除，一方面，‖XX|才能得到最充分的发挥，另一方面，才能成为对社会有益的。同样地，大地产的这些维护者还攻击小地产的唯利是图的商人根性，仿佛大地产甚至在它的封建形式下，也不曾潜在地包含着唯利是图行为。根本用不着去谈现代英国的土地所有权形式，在那里，土地所有者的封建主义是同租佃者的唯利是图和勤勤恳恳结合在一起的。

大地产可以把地产分割对垄断的责难回敬给地产分割，因为地产分割也是以私有财产的垄断为基础的。同样地，地产分割也可以把对分割的责难回敬给大地产，因为在大土地占有制下也是分割居于统治地位，只不过这种分割采取不动的、冻结的形式罢了。总之，私有财产是建立在分割之上的。此外，正如地产分割要导致资本主义类型的大地产一样，封建的地产，

《巴黎时期的马克思画像》（版画） 李 庚 作

不管它怎样挣扎，也迟早必然遭到分割，或者至少要落入资本家之手。

其所以如此，是因为大地产，正像在英国那样，把绝大多数居民推进工业的怀抱，并且把自己本身的劳动者压榨到赤贫的程度。因此，它把国内的贫民和全部事业都抛向敌人方面，从而促进自己敌人——工业资本——的势力的产生和扩大。大地产把国内的大多数居民变成工业人口，从而使他们成为大地产的敌人。如果工业达到高度的发展，像现在的英国那样，那么它就会逐步地迫使大地产把它的垄断转向国外，使之同外国的土地所有者进行竞争。因为，在工业占统治地位的条件下，地产只有通过对外国的垄断才能保持自己的封建权威，从而不受与它的封建本质相矛盾的一般商业规律的支配。而地产一旦被卷入竞争，它就要像其他任何受竞争支配的商品一样遵循竞争的规律。它同样地要动荡不定，有时缩小，有时扩大，从一个人手中转到另一个人手中，任何法令都无法使它保持在少数特定的人手中。‖XXI|直接的结果就是地产分散到许多所有者手中，并且无论如何要听从工业资本的支配。

最后，那种靠强力勉强维持下来并在自己之外产生了可怕的工业的大地产，要比地产分割更快地导致危机，因为在地产分割条件下工业的力量毕竟始终处于次要地位。

正如我们在英国所看到的那样，就大地产极力想弄到尽可能多的货币而言，它已经失去了自己的封建性质，而具有了工业的性质。它给所有者带来最大限度的地租，而给租佃者带来最大限度的资本利润。结果，农业劳动者的工资就被降到最低限度，而租佃者阶级就在地产范围内代表着工业和资本的力量。由于同外国的竞争，地租在大多数情况下已不再是足以维持自立生活的收入了。大部分土地所有者不得不取代租佃者的地位，而租佃者则有一部分沦为无产阶级。另一方面，有许多租佃者占有地产；这是因为有优裕收入的大土地所有者大都沉湎于挥霍，并且一般都不适于经营大规模的农业；他们通常都既无资本又无能力开发土地。因此，他们之中也有一部分人完全破产。最后，已经降到最低限度的工资不得不进一步降低，以便能够经得住新的竞争。而这就必然导致革命。

正像工业必然以垄断的形式和竞争的形式走向破产，以便学会相信人一样，地产也必然以这种方式或那种方式发展起来，以便以这种方式或那种方式走向必不可免的衰亡。| XXI ‖

[异化劳动]

‖ XXII | 我们是从国民经济学的各个前提出发的。我们采用了它的语言和它的规律。我们把私有财产，把劳动、资本和

土地的分离，以及工资、资本利润和地租的分离，还有分工、竞争、交换价值概念等等，当作前提。我们从国民经济学本身出发，用它自己的话指出了：劳动者降低为商品，而且是最无足轻重的商品；劳动者的贫困同他的生产的能力和规模成反比①；资本之积累于少数人手中，即垄断的更可怕的恢复，是竞争的必然结果；最后，资本家和地租生活者之间、农民和工业劳动者之间的区别消失了，而整个社会必然地分化为两个阶级，即**有产者**阶级和无产**劳动者**阶级。

国民经济学从私有财产这个事实出发。但是，它却不给我们说明这个事实。它把私有财产在现实中所经历的**物质的**过程，套进一般的、抽象的公式，然后又把这些公式奉为**规律**。它没有**理解**这些规律，也就是说，它没有指明这些规律是怎样从私有财产的本质中产生出来的。国民经济学没有给我们提供一把钥匙，去理解劳动和资本的分离以及资本和土地的分离的根源。例如，当它确定工资和资本利润之间的相互关系时，它把资本家的利益当作最后的根据；换言之，它把应当加以论证的东西当作理所当然的东西。同样地，竞争是无孔不入的。人们用外部情况来说明竞争。同时，国民经济学也根本没有告诉我们，

① 应是“成正比”之笔误。——译者注

这些似乎是偶然的外部情况在怎样的程度上不过是一种必然的发展的表现。我们已经知道，交换本身在它看来也不过是一种偶然的事实。**贪欲以及贪婪者之间的战争即竞争**，是国民经济学家所开动的仅有的两个飞轮。

正是由于国民经济学不理解它所研究的运动的相互联系，所以才会把关于竞争的学说跟关于垄断的学说，关于营业自由的学说跟关于同业公会的学说，关于地产分割的学说跟关于大地产的学说，彼此对立起来。因为竞争、营业自由、地产分割仅仅被理解和描述为垄断、同业公会和封建所有制的偶然的、蓄意的、人为的结果，而不是必然的、不可避免的、自然的结果。

因此，我们现在不得不去弄清楚私有制、贪欲跟劳动、资本、地产这三者的分离之间的本质联系，以及交换和竞争之间、人的价值和人的贬值之间、垄断和竞争等等之间、这一切异化和**货币**制度之间的本质联系。

我们不学国民经济学家的样子：他在想说明什么的时候，总是使自己置身于一种虚构的原始状态。这样的原始状态是什么也不能说明的。因此，国民经济学家只能使问题堕入五里雾中。他把应当加以推演的东西，即两个事物——例如，分工和交换——之间的必然的相互关系，当作事实、事件。神学家也是这样用原罪来说明罪恶的起源，也就是说，神学家把他应当加以说明的东西，当作一种历史事实。

我们从一个**现有的**经济事实出发吧：

劳动者生产的财富越多，他的生产的能力和规模越大，他就越贫穷[33]。劳动者创造的商品越多，他就越是变成廉价的商品。随着实物世界的**涨价**，人的世界也正比例地**落价**。劳动不仅生产商品：它还生产作为**商品**的自己本身和劳动者，而且同它生产一般的商品成正比。

这一事实不过表明：劳动所生产的对象，即劳动产品，作为**异己的东西**，作为**不依赖**于生产者的**力量**，是同劳动对立的。劳动产品是固定在对象中的、物化为对象的劳动，是劳动的**对象化**。劳动的现实化就是劳动的对象化。在国民经济学以之为前提的那种状态下，劳动的这种现实化表现为劳动者的**非现实化**，对象化表现为**对象的丧失和为对象所奴役**，占有表现为**异化**、**外化**[34]。

劳动的现实化表现为非现实化到这种程度，以致劳动者从现实中被排除出去，直至饿死。对象化表现为对象的丧失到这种程度，以致劳动者被剥夺了最必要的——不仅是生活所必要的，而且是劳动所必要的——对象。而且连劳动本身也成为这样一种对象，劳动者只有用最紧张的努力和伴随极不规则的间歇才能把它据为己有。对对象的占有表现为异化到这种程度，以致劳动者生产的对象越多，他能够占有的对象便越少，并且越加受自己的产品即资本的统治。

这一切后果已经包含在这样一种规定中：劳动者同**自己的劳动产品**的关系就像同一个**异己的对象**的关系一样。因为在这个前提下，下面所说的是不言而喻的：劳动者耗费在劳动中的力量越多，他亲手创造的、与自身相对立的、异己的对象世界的力量便越强大，他本身、他的内部世界便越贫乏，归他所有的东西便越少。宗教方面的情况也是如此。人把自己奉献给上帝的越多，他保留给自身的就越少[35]。劳动者把自己的生命贯注到对象里去，但因此这个生命已不再属于他，而是属于对象了。因此，劳动者的这个活动越大，劳动者便越空虚。他的劳动产品是什么，他就不再是什么。因此，这个产品越大，他本身便越小。劳动者把自己**外化**在他的产品中，这不仅意味着他的劳动成为对象，成为**外部的**存在，而且还意味着他的劳动作为一种异己的东西不依赖于他而**在他之外**存在着，并成为与他相对立的独立力量；意味着他贯注到对象中去的生命作为敌对的和异己的力量同他相对抗。

‖ XXIII | 现在让我们来更详细地考察一下**对象化**即劳动者的生产，以及对象即劳动者的产品在这种对象化中的**异化**、**丧失**。

没有**自然界**，没有**外部的感性世界**，劳动者就什么也不能创造。自然界、外部的感性世界是劳动者用来实现他的劳动，在其中展开他的劳动活动，用它并借助于它来进行生产的材料。

但是，自然界一方面在这样一种意义上给劳动提供**生活资**

料，即如果没有借以进行劳动的对象，劳动便不能**生存**；另一方面，自然界也在一种较狭隘的意义上提供生活资料，即提供**劳动者**本身的肉体生存所需的资料。

因此，劳动者越是通过自己的劳动**占有**外部世界、感性自然界，他就越是在两个方面失去**生活资料**：第一，感性的外部世界越来越不成其为属于他的劳动的对象，不成其为他的劳动的**生活资料**；第二，这个外部世界越来越不再为他提供直接意义的**生活资料**，即劳动者的肉体生存所需的资料。

因此，劳动者在两个方面成为自己的对象的奴隶：第一，他接受**劳动的对象**，亦即接受**工作**；第二，他接受**生活资料**。因而，他首先作为**劳动者**，其次作为**肉体的主体**，才能够生存。这种奴隶状态的顶点就是，他只有更多地作为**劳动者**才能维持作为**肉体的主体**的生存，并且只有更多地作为**肉体的主体**才能是劳动者。

（按照国民经济学的规律，劳动者在他的对象中的异化表现如下：劳动者生产得越多，他能够消费的就越少；他越是创造价值，他自己越是贬低价值、失去价值；他的产品越是完美，他自己越是畸形；他所创造的物品越是文明，他自己越是野蛮；劳动越是有力，劳动者越是无力；劳动越是机智，劳动者越是愚钝，并且越是成为自然界的奴隶。）

国民经济学不考察劳动者（即劳动）**同他所生产的产品的**

直接的关系，借以掩盖劳动本质的异化。当然，劳动为富人生产了珍品，却为劳动者生产了赤贫。劳动创造了宫殿，却为劳动者创造了贫民窟。劳动创造了美，却使劳动者成为畸形。劳动用机器代替了手工劳动，同时却把一部分劳动者抛回到野蛮的劳动，而使另一部分劳动者变成机器。劳动生产了智慧，却给劳动者生产了愚钝、痴呆。

劳动同它的产品的直接关系，是劳动者同他的生产的对象的关系。有产者同生产对象和生产本身的关系，不过是这第一种关系的**结果**和证实。我们将在下文中考察问题的这另一个方面。

因此，当我们问劳动的本质关系是什么的时候，我们问的是劳动者同生产的关系。

以上我们只是从一个方面，亦即从劳动者**同他的劳动产品的关系**这一方面，考察了劳动者的异化、外化。但异化不仅表现在**生产**的结果上，而且也表现在**生产行为**本身中，表现在**生产活动**本身中。如果劳动者不是在生产行为本身中把自己从自身异化出去，那么劳动者怎么能像对待某种异己的东西那样同自己的活动的产物相对立呢？产品不过是活动、生产的结果。因此，如果劳动的产品是外化，那么生产本身就必然是活动着的外化，活动之外化，外化之活动。劳动对象的异化不过是劳动活动本身的异化、外化的结果。

那么，劳动的外化表现在什么地方呢？

首先，对劳动者说来，劳动是**外在的东西**，也就是说，是不属于他的本质的东西；因此，劳动者在自己的劳动中并不肯定自己，而是否定自己，并不感到幸福，而是感到不幸，并不自由地发挥自己的肉体力量和精神力量，而是使自己的肉体受到损伤、精神遭到摧残。因此，劳动者只是在劳动之外才感到自由自在，而在劳动之内则感到爽然若失。劳动者在他不劳动时如释重负，而当他劳动时则如坐针毡。因此，他的劳动不是自愿的，而是一种被迫的**强制劳动**。从而，劳动不是需要的满足，而只是满足劳动以外的其他各种需要的**手段**。劳动的异化性的一个明显的表现是，只要对劳动的肉体强制或其他强制一消失，人们就会像逃避鼠疫一样地逃避劳动。外在的劳动，人把自己外化于其中的劳动，是一种自我牺牲、自我折磨的劳动。最后，对劳动者说来，劳动的外在性，就表现在这种劳动不是他自己的，而是别人的；劳动不属于他；他自己在劳动过程中也不属于他自己，而是属于别人。在宗教中，人的幻想、人的头脑和人的心灵的自己活动是不以个人为转移地作用于个人的，也就是说，是作为某种异己的活动、神灵的或魔鬼的活动作用于个人的。同样地，劳动者的活动也不是他的自己活动[36]。劳动者的活动属于别人，它是劳动者自身的丧失。

结果，人（劳动者）只是在执行自己的动物机能时，亦即在饮食男女时，至多还在居家打扮等等时，才觉得自己是自由地活动的；而在执行自己的人的机能时，却觉得自己不过是动物。动物的东西成为人的东西，而人的东西成为动物的东西。

诚然，饮食男女等等也是真正人的机能。然而，如果把这些机能同其他人类活动割裂开来并使它们成为最后的和唯一的终极目的，那么，在这样的抽象中，它们就具有动物的性质。

我们已经从两个方面考察了实践的人的活动即劳动的异化作用。第一，劳动者同**劳动产品**这个异己的、统治着他的对象的关系。这种关系同时也是劳动者同感性的外部世界、同自然物这个与他相敌对的异己世界的关系。第二，劳动在**劳动**过程本身中同**生产行为**的关系。这种关系是劳动者同他自己的活动——一种异己的、不属于他的活动——的关系。在这里，活动就是受动；力量就是虚弱；生殖就是去势；劳动者**自己的**肉体的和精神的能力，他个人的生活（因为，如果生活不是活动，那又是什么呢？），就是掉转头来反对他自身的、不依赖于他的、不属于他的活动。这就是**自我异化**，正像上面所谈的是**物**的异化一样。

‖XXIV | 我们现在还要从**异化劳动**的已有的两个规定推出它的第三个规定。

人是类的存在物。这不仅是说，人无论在实践上还是在理论上都把类——既把自己本身的类，也把其他物的类——当作自己的对象；而且是说（这只是同一件事情的另一种说法），人把自己本身当作现有的、活生生的类来对待，当作**普遍的**因而也是自由的存在物来对待[37]。

无论在人那里还是在动物那里，类的生活从肉体方面来说都表现于：人（和动物一样）赖无机自然界来生活，而人较之动物越是万能，那么，人赖以生活的那个无机自然界的范围也就越广阔。从理论方面来说，植物、动物、石头、空气、光等等，或者作为自然科学的对象，或者作为艺术的对象，都是人的意识的一部分，都是人的精神的无机自然界，是人为了能够宴乐和消化而必须事先准备好的精神食粮；同样地，从实践方面来说，这些东西也是人的生活和人的活动的一部分。人在肉体上只有依靠这些自然物——不管是表现为食物、燃料、衣着还是居室等等——才能生活。实际上，人的万能正是表现在他把整个自然界——首先就它是人的直接的生活资料而言，其次就它是人的生活活动的材料、对象和工具而言——变成人的**无机的**身体。自然界就它本身不是人的身体而言，是人的**无机的身体**。人靠自然界来**生活**。这就是说，自然界是人为了不致死亡而必须与之形影不离的**身体**。说人的肉体生活和精神生活同自然界不可分离，这就等于说，自然界同自己本身不可分离，因为人是自然界的一部分。

人的异化劳动，从人那里（1）把自然界异化出去；

《马克思夫人燕妮的画像》（版画）　李　庚 作

(2) 把他本身，把他自己的活动机能，把他的生活活动异化出去，从而也就把**类**从人那里异化出去：它把对人说来的**类的生活**变成维持个人生活的手段。第一，它把类的生活和个人生活异化出去；第二，把抽象形式的个人生活变成同样是抽象形式和异化形式的类的生活的目的[38]。

这是因为，首先，劳动本身、**生活活动**本身、**生产生活**本身对人说来不过成为满足他的一个需要、即维持肉体生存的需要的**手段**。而生产生活也就是类的生活。这是创造生命的生活。生活活动的性质包含着一个物种的全部特性、它的类的特性，而自由自觉的活动恰恰就是人的类的特性。生活本身仅仅表现为**生活的手段**。

动物是和它的生命活动直接同一的。它没有自己和自己的生命活动之间的区别。它就是**这种生命活动**。人则把自己的生活活动本身变成自己的意志和意识的对象。他的生活活动是有意识的。这不是人与之直接融为一体的那种规定性。有意识的生活活动直接把人跟动物的生命活动区别开来。正是仅仅由于这个缘故，人是类的存在物。换言之，正是由于他是类的存在物，他才是有意识的存在物，也就是说，他本身的生活对他说来才是对象。只是由于这个缘故，他的活动才是自由的活动。异化劳动把这种关系颠倒过来：正是由于人是有意识的存在物，人才把自己的生活活动、自己的**本质**仅仅变成维持自己**生存**的手段。

实际创造一个**对象世界**，**改造**无机的自然界，这是人作为有意识的类的存在物（亦即这样一种存在物，它把类看作自己的本质，或者说把自己本身看作类的存在物）的自我确证。诚然，动物也进行生产。它也为自己构筑巢穴或居所，如蜜蜂、海狸、蚂蚁等所做的那样。但动物只生产它自己或它的幼仔所直接需要的东西；动物的生产是片面的，而人的生产则是全面的；动物只是在直接的肉体需要的支配下生产，而人则甚至摆脱肉体的需要进行生产，并且只有在他摆脱了这种需要时才真正地进行生产；动物只生产自己本身，而人则再生产整个自然界；动物的产品直接同它的肉体相联系，而人则自由地与自己的产品相对立。动物只是按照它所属的那个物种的尺度和需要来进行塑造，而人则懂得按照任何物种的尺度来进行生产，并且随时随地都能用内在固有的尺度来衡量对象；所以，人也按照美的规律来塑造。

因此，正是通过对对象世界的改造，人才实际上确证自己是**类的存在物**。这种生产是他的能动的、类的生活。通过这种生产，自然界才表现为**他的**创造物和他的现实。因此，劳动的对象是**人的类的生活的对象化**：人不仅像在意识中所发生的那样在精神上把自己化分为二，而且通过活动，在实际上把自己化分为二，并且在他所创造的世界中直观自身。因此，异化劳动从人那里剥夺了他的生产的对象，从而也剥夺了他的**类的生**

活、他的现实的、类的对象性，把人对动物所具有的那种优点变成缺点，因为人被夺去了他的无机的身体即自然界。

同样地，异化劳动把自我活动、自由活动贬低为手段，从而把人的类的生活变成维持人的肉体生存的手段。

因而，人所具有的类的意识由于异化而改变，以致类的生活对他说来成了手段。

因此，异化劳动导致如下的结果：

（3）**人的类的本质**——无论是自然界，还是他的精神的、类的能力——变成与人**异类的**本质，变成维持他的**个人生存**的**手段**。异化劳动把人自己的身体从人那里异化出去，就像把在他之外的自然界，把他的精神本质、他的**人的**本质异化出去一样。

（4）人从自己的劳动产品、自己的生活活动、自己的类的本质异化出去这一事实所造成的直接结果就是：**人从人那里的异化**。当人与自己本身相对立的时候，那么**其他**人也与他相对立。凡是适用于人对自己的劳动、自己的劳动产品和自己本身的关系的东西，也都同样适用于人对其他人、对其他人的劳动和劳动对象的关系。

总之，人从他的类的本质异化出去这一命题，说的是一个人从其他人异化出去，以及他们中的每个人都从人的本质异化出去。

人的异化，一般说来，就是人同自己本身的任何关系只有通过人同其他人的关系才得到实现和表现。

因而，在异化劳动的条件下，每个人都按照他本身作为劳动者所处的那种地位和角度来观察别人。

‖XXV | 我们已经从劳动者及其产品的异化这样一个经济事实出发。我们已经表述了这一事实的概念：**异化的、外化的**劳动。我们已经分析了这一概念。因而，我们只是分析了一个经济事实。

现在我们要进一步考察一下异化的、外化的劳动这一概念在现实中是怎样必然显示和表现出来的。

如果说劳动产品是与我不相干的，是作为异己的力量与我相对立的，那么，它到底属于谁呢？

如果说我本身的活动不属于我，而是一个异己的、被迫的活动，那么，它到底属于谁呢？

属于有别于我的**另一个**存在物。

这个存在物是什么呢？

是神灵吗？诚然，起初主要的生产活动，如埃及、印度、墨西哥的神殿建造等等，是为了供奉神灵的，而产品本身也是属于神灵的。但是，神灵从来不曾是劳动的独一无二的主人。**自然界**也不曾是主人。那么，下述的状态会是怎样一种矛盾啊：人越是通过自己的劳动使自然界受自己支配，神灵的奇迹越是由于工业的奇迹而变成多余的，人就越是不得不为了讨好这些力量而放弃生产所能带来的欢乐和对产品的享受！

劳动和劳动产品所归属的那个**异己的**存在物，劳动为之服务和劳动产品供其享受的那个存在物，只能是**人**本身。

如果说劳动产品不属于劳动者，并作为异己的力量与劳动者相对立，那么，这只能是由于产品属于**不是劳动者的其他人**。如果说劳动者的活动对他本身说来是苦恼，那么，这种活动就必然给别的什么人带来**享受**和欢乐。不是神灵，也不是自然界，而只有人本身才能是这个支配人的异己力量。

还必须注意上文提到的这样一个命题：人同自己本身的关系只有通过他同其他人的关系，才对他说来成为**对象性的、现实的**关系。因此，如果说人同他的劳动产品、同他的对象化了的劳动的关系，是同一个**异己的、敌对的**、强有力的、不依赖于他的对象的关系，那么，他所以同这一对象发生这种关系，是因为有另一个异己的、敌对的、强有力的、不依赖于他的人是这一对象的主人。如果说人自己本身的活动对人说来是一种不由自主的活动，那么，这是因为人自己本身的活动是替别人服务的、受别人支配的、处于别人的强迫和压制之下的活动。

人从自身和从自然界的任何自我异化，都通过他自己本身和自然界同有别于他的其他人所发生的那个关系表现出来。因此，宗教的自我异化必然地通过俗人同僧侣或者俗人同基督（因为这里涉及到精神世界）等等的关系表现出来。在实践的、现实的世界中，自我异化只有通过同其他人的实践的、现实的关系才能表现出来。异化借以实现的那个手段本身就是**实践的**。因此，通过异化劳动，人不仅生产出自己同作为异己的、与之相敌对的力量的生产对象和生产行为的关系，而且也生产出其他人同他的生产和他的产品的关系，以及他本身同这些其他人的关系。正像他把他自己的生产变成他自己的非现实化，变成对他自己的惩罚一样，正像他丧失掉自己的产品并使之变成不属于他的产品一样，他也生产出不事生产的人对生产和产品的支配。在他把自己本身的活动从自身异化出去的时候，他也就使不属于别人的活动为别人所占有。

以上，我们只是从劳动者方面考察了这一关系；下面我们还要从非劳动者方面来考察这一关系。

总之，劳动者通过**异化的、外化的劳动**，产生出一个跟劳动不相干的、置身于劳动之外的人同这个劳动的关系。劳动者同劳动的关系，产生出资本家（或者不管人们给雇主起个什么别的名字）跟这同一个劳动的关系。从而，**私有财产**是**外化了的劳动**，即劳动者同自然界和自己本身的外在关系的产物、结果和必然归结。

因此，**私有财产**这一概念，是通过分析而从外化了的劳动，亦即**外化了的人**、异化了的劳动、异化了的生活、**异化了的**人这一概念得出的。

诚然，我们是从国民经济学得到作为**私有财产运动**之结果的**外化了的劳动**（**外化了的生命**）这一概念的。但是对这一概念的分析表明，即使私有财产表现为外化了的劳动的根据和原因，实际上却无宁是外化了的劳动的结果，正像神灵**本来**不是人类理性迷误的原因，而是人类理性迷误的结果一样。后来，这种关系就变成相互作用［的关系］。

直到私有财产发展的最后的、最高的阶段，私有财产的这样一个秘密才重新暴露出来：私有财产一方面是外化了的劳动的**产物**，另一方面又是劳动借以外化的**手段**，是**这一外化的实现**。

这一发展使迄今未能解决的各种矛盾立刻得到说明。

（1）国民经济学虽然以劳动是生产的真正灵魂为出发点，却没有给劳动提供任何东西，而是给私有财产提供了一切。蒲鲁东从这个矛盾得出了有利于劳动而不利于私有财产的结论。然而我们看到，这个表面的矛盾是**异化劳动**同自己本身的矛盾，而国民经济学只不过表述了异化劳动的规律罢了。

因此，我们也看到，**工资**是和**私有财产**完全一致的：因为用劳动产品、劳动对象来偿付劳动本身的工资，不过是劳动异化的必然结果；因为，在工资中，劳动本身也并不表现为目的本身，而是表现为工资的奴仆。下面我们还要详细考察这个问题，而现在我们只是再做出 ‖XXVI| 几点结论。

靠强力**提高工资**（且不谈其他一切困难，以及这种提高，作为例外情况，也只有靠强力才能维持），不过是**给奴隶以较好报酬**，并且既不会使劳动者，也不会使劳动赢得人的身分和价值。

甚至蒲鲁东所要求的**工资平等**，也只能使今天的劳动者同他的劳动的关系变成一切人同劳动的关系。在这种情况下，社会就会被理解为抽象的资本家[39]。

工资是异化劳动的直接结果，而异化劳动则是私有财产的直接原因。因此，随着一方的衰亡，另一方也必然衰亡。

(2) 从异化劳动同私有财产的关系还可以得出这样的结论，即社会从私有财产等等的解放、从奴役制的解放，表现为**劳动者的解放**这样一种**政治的**形式，而且这里问题不仅在于劳动者的解放，因为劳动者的解放包含着全人类的解放；其所以如此，是因为整个的人类奴役制就包含在劳动者同生产的关系中，而一切奴役性的关系不过是这种关系的各种变形和结果罢了。

正如我们通过**分析**从**异化了的、外化了的劳动**得出**私有财产**这一概念一样，我们也可以借助于这两个要素来阐发国民经济学的一切**范畴**，而且我们将发现这些范畴中的每一个范畴，例如商业［Schacher］、竞争、资本、货币，不过是这两个基本要素的**特定的、充分展开了的表现**而已。

但是在考察这种演变以前，我们还打算解决两个问题：

（1）通过私有制同**真正人的**和**社会的所有制**的关系来确定**私有财产**作为异化劳动的结果的一般**本质**。

（2）我们已经把**劳动的异化、外化**作为事实接受下来，并且对这一事实进行了分析。现在要问，**人**是怎样使自己的**劳动外化**、异化的？这种异化如何根源于人类发展的本质？我们已经把**私有财产的起源**问题**归结为外化了的劳动**同人类发展进程的关系问题，因而我们已经为解决这一问题得到了许多东西。因为当人们谈到私有财产时，人们以为他们是在谈论人之外的某种东西。而当人们谈到劳动时，则以为是在直接谈论人本身。问题的这种新的提法就已经包含着问题的解决。

补（1）：私有财产的一般本质以及私有制同真正人的所有制的关系。

在我们这里，外化了的劳动分解为两个组成部分，它们互相制约，或者说它们只是同一个关系的不同表现：**占有**表现为**异化、外化**，而**外化**则表现为**占有**，异化表现为真正的**公民化**。

我们已经考察了一个方面，即通过外化劳动同劳动者本身的关系考察了**外化**劳动，也就是说，考察了**外化劳动同自身的关系**。作为这一关系的产物或必然结果，我们发现了**非劳动者同劳动者和劳动的财产关系**。**私有财产**，作为外化劳动的物质的、概括的表现，包括着这样两种关系：**劳动者同劳动、自己的劳动产品和非劳动者的关系**，以及**非劳动者同劳动者及其劳动产品**的关系。

我们看到，对于通过劳动而**占有**自然界的劳动者说来，对

《马克思就读的柏林大学一角》（版画）　李　庚 作

自然界的这种占有表现为异化，自己活动表现为为别人的活动，并且似乎就是别人的活动；生命过程表现为生命的牺牲；而对象之生产表现为对象之丧失，即对象转归异己的势力、**异己的**人所有。现在我们就来考察一下这个跟劳动和劳动者**格格不入的**人同劳动者、劳动和劳动对象的关系。

首先必须指出，凡是在劳动者那里表现为**外化、异化的活动**的东西，在非劳动者那里都表现为**外化、异化的状态**。

其次，劳动者在生产过程中的**现实的、实践的态度**，以及他对产品的态度（作为一种情意状态），在与他相对立的非劳动者那里表现为**理论的**态度。

‖ XXVII | **再次**，凡是劳动者所做的不利于自己本身的事，非劳动者都对劳动者做，但是这个非劳动者却不对自己本身做他所做的不利于劳动者的事。

我们就来更加详细地考察这三种关系[①]。| XXVII ‖

---

① 第一手稿的原文还未完成就在这里中断了。——编者注

[第二手稿]

[私有财产的关系]

……‖XL|构成他的资本的利息[40]。因此，正像劳动是失去自身的人这一事实在资本身上客观地存在着一样，资本是完全失去自身的人这一事实在劳动者身上主观地存在着的。但**劳动者**的不幸在于他是一种**活的**并因而能够**感受贫困的**资本，而这种资本在他不劳动的那一瞬间便失去自己的利息，从而也失去自己的存在。作为资本，劳动者的**价值**依供求而增长，而且，**从物理上说来**，他的**存在**、他的**生命**也同任何其他商品一样，过去和现在都被看成是**商品**的供给。劳动者生产资本，资本生产劳动者，因而劳动者生产自己本身，而作为**劳动者**、作为**商品**的人便是这整个运动的产物。人已经只不过是**劳动者**，并且作为劳动者，他只具有与他格格不入的资本所需要的那些人的特性。而既然资本和劳动是彼此格格不入的，并因而处于漠不相关的、外部的和偶然的相互关系中，那么，这种格格不入的

关系也必然**现实地**表现出来。因此，资本一旦想到——不管是迫不得已地还是心血来潮地——不再为劳动者而存在，劳动者本身便立即不再为自己而存在：他**没有**工作，因而也**没有**工资，并且既然他不是**作为人**、而是作为劳动者而存在，所以他只能任人把他埋葬，使他饿死，等等。劳动者只有当他**对自己说来**是资本的时候，他才作为劳动者而存在；而只有当某种**资本为他**而存在的时候，他才是资本。资本的存在就是**劳动者**的存在、劳动者的**生活**，正像资本的存在以不以他为转移的方式来规定他的生活的内容一样。因此，国民经济学不知道无业的劳动者，不知道处于劳动关系之外的劳动的人。小偷、骗子、乞丐、失业的、行将饿死的、贫穷的和犯罪的、劳动的人，都是对**国民经济学**说来并不存在，而只在其他人眼中，在医生、法官、掘墓人、乞丐监督等等的眼中才存在的**人物**；他们是一些在国民经济学领域之外游荡的幽灵。所以，在国民经济学看来，劳动者的需要不过是维持**劳动者在劳动期间**内的生活的**需要**，而且仅仅以保持**劳动种族不致死绝**所必要的那个程度为限。因此，工资跟任何其他生产工具的**养护**和**维修**，跟资本及其利息的再生产所必要的一般**资本的消费**，跟为了保持车轮的运转而注入车轴的润滑油，具有完全相同的意义。所以，工资是资本和资本家的必要**费用**之一，并且不得超出这个必要的范围。因此，英国厂主们的做法是完全合乎逻辑的：在 1834 年实行新的济贫法[41]以前，他们把劳动者从济贫税项下得到的社会救济金从劳动者的工资中扣除，并且把这种救济金看作工资的一个构成部分。

生产不仅把人当作**商品**、当作**人类商品**、当作具有商品的规定的人来生产；它适应着这个规定把人当作精神上和肉体上非人化了的存在物来生产。——劳动者和资本家的不道德、退化、愚钝。——这个生产的产品是**具有自我意识和自我活动的商品**……**人类**商品…… 李嘉图、穆勒等人较之斯密和萨伊的一个大进步，就在于他们把关于人的**生存**的问题——关于人这个商品的或高或低的生产率的问题，宣布为**无关紧要的**，甚至是**有害的**。从他们的观点看来，生产的真正目的不是资本养活多少劳动者，而是资本带来多少利息，也就是说，每年总共**积攒**多少钱。同样地，现代‖XLI|英国国民经济学的一个合乎逻辑的巨大进步是，它把**劳动**提高为国民经济学的**唯一**原则，同时十分明确地阐明了工资和资本利息之间的**反**比例关系，指出资本家通常**只有**通过降低工资才能提高自己的收益，而反之则降低收益。［按照现代英国国民经济学的看法，］不是对消费者揩油，而是资本家和劳动者双方间彼此揩油，才是**正常的**相互关系。——私有财产的关系潜在地包含着作为**劳动**的私有财产的关系和作为**资本**的私有财产的关系，以及二者的**相互关系**。一方面是作为**劳动**的人类活动的生产，亦即与自身、与人和自然界，因而也与意识和生命表现毫不相干的活动的生产；是人

仅仅作为**劳动的人**的**抽象**存在（因此这种劳动的人每天都可能由自己的充实的无沦入绝对的无，沦入自己的社会的因而也是现实的非存在）。另一方面是作为**资本**的人类活动对象的生产；在这里对象的一切自然的和社会的规定性都**消失了**，在这里私有财产丧失了自己的自然的和社会的性质（因而也丧失了一切政治的和社会的幻象，并且再也不与任何**表面看来似乎是**人的关系牵扯在一起），在这里**同一个**资本在各种不同的自然的和社会的存在中始终是**同一的**，而完全不管它的**现实**内容如何。劳动和资本的这种对立一达到极限，就必然成为整个［私有财产］关系的高峰、顶点和灭亡。

因此，现代英国国民经济学的又一重大功绩，在于它指明地租是最坏耕地的收益和最好耕地的收益之间的差额，从而打破了土地所有者的浪漫主义的自负——他的所谓的社会重要性和他的利益同社会利益的所谓的一致性；而这一点是连**亚当·斯密**也曾跟着重农学派主张过的[29a]；［现代英国国民经济学］预先料到了并且准备了这样一个现实的运动，这一运动将把土地所有者变成极其普通的、平凡的资本家，将使［资本和劳动间的］对立单纯化和尖锐化，并从而加速这种对立的解决。这样一来，**作为土地的土地**，**作为地租的地租**，就失去自己的**等级的差别**，而变成根本不讲话的，或者无宁说，只用货币语言来讲话的**资本**和**利息**。——资本和土地之间、赢利和地租之间、二者和工资之间、**工业**和**农业**之间、私有的**不动产**和**动产**之间的差别，仍然是**历史的**差别，而不是根源于事物本质的差别。这种差别不过是资本同劳动的对立之形成和产生的一个历史地**固定起来的**环节。跟不动的地产相反，工业等等只是表现工业的产生方式和工业在其中得到发展的那个工业跟农业的对立。只要工业（城市生活）跟地产（封建的贵族生活）**相对立**而形成，并且通过垄断、行会、基尔特、同业公会等形式还带有自己的对立物的封建性质，从而，只要劳动还只是**表面上**具有**社会的**意义和**真正的**共同体的意义；只要劳动还没有达到对自己的内容**漠不关心**和完全单独存在的地步，也就是说，只要它还没有撇开其他一切存在，从而也还没有成为**获得了自由的**资本，这种差别就作为劳动的一个**特别的**种类，作为**包括全部生活的一个本质的、重要的**差别而存在。

‖ XLII | 但是，获得了自由的、本身自行构成的**工业**和**获得了自由的资本**，是劳动的必然**发展**。工业对它的对立面农业的支配，当作为真正的工业的**农业**一旦产生便立即表现出来，而在过去，农业本来是把主要工作交给土地和耕种这块土地的**奴隶**去做的。随着奴隶转化为**自由的**劳动者即**雇工**，土地所有者本身便实际上转化为工厂主、资本家，而这种转化最初是通过**租佃者**这个中介环节实现的。但是，**租佃者**是土地所有者的代表，是他的被揭穿了的**秘密**；只是由于有了租佃者，土地所有者才

具有**国民经济学的**存在，才作为私有者而存在，——因为他的土地只是由于租佃者的竞争才得到地租的。因此，土地所有者通过**租佃者**在本质上已经**转化为**一个**普通的**资本家。而这种转化也必然要在现实中发生：经营农业的资本家即租佃者必然要成为土地所有者，或者相反。租佃者的**工业盘剥**就是**土地所有者**的工业盘剥，因为前者的存在决定着后者的存在。

但是，他们念念不忘自己的相反的起源、自己的出身：土地所有者把资本家看作自己的趾高气扬的、获得了自由的、发了财的、昨天的奴隶，并且看出了他对作为资本家的自己的威胁；而资本家则把土地所有者看作自己的游手好闲的、残酷无情的和自私自利的、昨天的主人；他知道土地所有者在使他这个资本家遭受损害，虽然土地所有者今天的整个社会地位、财产和享受都应归功于工业；资本家把地产看作是跟**自由的**工业和摆脱了任何自然规定的**自由的**资本直接对立的东西。这种争辩是极其激烈的，并且双方都向对方说出了心里话。为了对双方的卑鄙性形成一个明确的概念，只要看一看不动产对动产的攻击和相反的攻击就行了。土地所有者炫耀他的财产的贵族渊源、他的封建的往昔、他的诗意的回忆、他的激昂慷慨之情、他的政治上的重要性等等，而如果他用国民经济学的语言来讲话，那么他就会说：**只有**农业才是生产性的。同时，他把自己的对手描绘为狡猾的骗子，拉人下水的纤手，出卖灵魂的利欲熏心之徒；图谋不轨的、没有心肝和丧尽天良的、离经叛道和肆意出卖社会利益的投机贩子、高利贷者、皮条匠、奴才；花言巧语的马屁鬼；制造、培养和鼓吹竞争、贫困和犯罪的，败坏一切社会纲纪的，没有廉耻、没有原则、没有诗意、没有人格、心灵空虚、冷漠无情的**金钱拐骗者**（在重农学派中尤其请参看**贝尔加斯**，卡米尔·戴穆伦在自己的杂志《法国和勃拉班特的革命》[42]中曾经严厉批评过他；还请参看冯·芬克、朗齐佐勒、哈勒、利奥、科瑟加顿①，以及**西斯蒙第**）。动产也吹嘘工业和运动的奇迹，说自己是现代的产儿和嫡子；它对自己的对手表示怜悯，把他看作是**不理解**自己的本质（而这是完全正确的）的蠢材，这个蠢材想用粗野的、不道德的暴力和农奴制来代替道德的资本和自由的劳动。它说他是用**正直**、**诚实**、**服务于公共利益**和**坚贞不渝**这样一些假面具，来掩盖其缺乏活动能力、贪得无厌的享乐欲、自私自利、斤斤计较和居心不良的唐·吉诃德。它宣布它的对手是诡计多端的**垄断者**；它用揭底和嘲讽的口气历数他的以罗曼蒂克的城堡为温床的下流、残忍、挥霍、

---

① 装腔作势的老年黑格尔派神学家**芬克**引用利奥的话眼含热泪地讲到，在废除农奴制时一个奴隶如何拒绝不再做**贵族的所有物**。还请参见**尤斯图斯·缪泽尔的《爱国主义的幻想》**，这些幻想的特色是它们一刻也没有超出循规蹈矩的庸人的那种狭隘的、庸俗的、"家传的"、平凡的眼界；虽然如此，它们却仍然不失为**最纯粹的**幻想。并且这个矛盾还使这些幻想如此投合德国人的口味。——马克思原注

淫佚、寡廉鲜耻、无法无天和大逆不道，来给他的回忆、他的诗意、他的激昂慷慨之情泼冷水。

‖ XLIII | 动产说它给人民赢得了政治自由，打破了市民社会的桎梏，把世界连结为一体，创造了博爱的商业、纯粹的道德、温文尔雅的教养；它代替粗鄙的需要唤起了人民的文明的需要，并给他们提供了满足需要的手段；而土地所有者这个游手好闲的、胡搅蛮缠的米蛀虫则对人民抬高最必需的生活资料的价格，从而迫使资本家提高工资而不能提高生产力；因此，土地所有者阻碍国民岁入的增长，阻碍资本的积累，从而减少人民就业和国家增加财富可能性，最后甚至完全消灭这种可能性，以致引起普遍的衰退，像高利贷一样贪婪地盘剥现代文明的**一切**利益，而对于文明却毫无贡献，甚至不放弃自己的封建偏见。最后它让土地所有者哪怕只是看看自己的**租佃者**，——对土地所有者说来，农业和土地本身是仅仅作为赐给他的财源而存在着的，——并且让他说，他自己是不是一个早已在内心深处并且在实际上属于**自由的**工业和**可爱的**商业的**伪装忠厚而实则异想天开的、狡猾的**无赖，而不管他曾怎样反对工业和商业，也不管他曾怎样絮絮叨叨地数说历史的回忆以及伦理的和政治的目的。土地所有者实际上举出来替自己辩护的一切东西，只有用在**耕作者**（资本家和雇农）身上才是正确的，而**土地所有者**无宁是耕作者的**敌人**；因此，土地所有者做了不利于自己

本身的论证。[耕作者的代表指出，] **没有**资本，地产就是死的、无价值的东西。资本的文明的胜利恰恰就在于，它发现财富的泉源不是死的物，而是人的劳动，并且促进了这一点的实现（请参看保尔·路易·古利耶、圣西门、加尼尔、李嘉图、穆勒、麦克库洛赫、德斯杜特·德·特拉西和米歇尔·舍伐利埃）。

从**现实的**发展进程中（这里附带说说）必然地产生出**资本家**即发达的私有财产对不发达的、不彻底的私有财产即**土地所有者的**胜利，正如一般说来运动必然战胜不动，公开的、自觉的卑鄙行为必然战胜隐蔽的、不自觉的卑鄙行为，**占有欲**必然战胜**享乐欲**，露骨的、毫无节制的、八面玲珑的、**启蒙**的利己主义必然战胜地方的、审慎的、呆头呆脑的、懒散的、幻想的、**迷信**的利己主义，货币必然战胜其他形式的私有财产一样。

多少觉察到完成了的自由的工业、完成了的纯粹的道德和完成了的博爱的商业的危险的那些国家，企图阻止地产的资本化，但是完全白费力气。

和资本不同，**地产**是还带着**地方的**和政治的偏见这种累赘的私有财产、资本；是还同周围世界纠缠在一起而没有完全达到自立的资本，即还**未完成的**资本。它必然要在自己的**世界形成**过程中达到自己的抽象的即**纯粹的**表现。

私有财产的关系是劳动、资本以及二者的相互关系。

这个关系的各要素所必定经历的运动是：

第一——二者的**直接的**或**间接的统一**。

起初，资本和劳动还是统一的；随后，它们虽然分离和异化，但是二者彼此作为**积极的**条件而互相促进和互相推动。

［**第二**］——**二者相互间的对立**：它们互相排斥；劳动者把资本家（反之亦然）看作自己的非存在；双方都力图剥夺对方的存在。

［**第三**］——二者各自**对**自身的**对立**。资本＝积累起来的劳动＝劳动。作为这样的东西，资本分解为**自己本身**和自己的**利息**，而后者又分解为**利息**和**赢利**。资本家彻底地成为牺牲品。他沦为劳动者阶级，正像劳动者——但只是例外地——成为资本家一样。劳动是资本的要素，是资本的**费用**。因而，工资是资本的牺牲。

劳动分解为**自身**和**工资**。劳动者本身是资本、商品。

敌对性的相互对立。｜XLIII‖

《伦敦时期的马克思画像》（版画） 李 庚 作

［第三手稿］

［私有财产和劳动］

‖I｜补入第 XXXVI 页[43]。——私有财产的**主体的本质**，作为独自存在的活动、作为**主体**，作为**人格**的**私有财产**，就是**劳动**。因而，十分明显，只有那种把**劳动**视为自己的原理的国民经济学（亚当·斯密），也就是说，只有那种不再把私有财产仅仅看作在人之外的一种**产业**的国民经济学，才应该算作私有财产的现实**机能**和现实**运动**的产物（这种国民经济学是在意识中形成的、私有财产的独立的运动，是现代工业本身）、现代**工业**的产物；而另一方面，正是这种国民经济学促进并赞美了这种**工业**的机能和发展，使之变成了**意识**的力量。因此，在这种揭示了——在私有制的范围内——财富的**主体的本质**的开明的国民经济学[44]看来，那些把私有财产**仅仅**看作对人说来的客观的存在物的货币主义者和重商主义者，似乎是一些**拜物教徒**、**天主教徒**。所以，**恩格斯**把**亚当·斯密**叫作**国民经济学的路德**，是完全正确的[45]。正像路德把**宗教**、**信仰**视为外在**世界**的本质并因此反对天主教的偶像崇拜一样，正像他把宗教感情变成人的**内在**本质，从而扬弃了**外在的**宗教感情一样，正像他把教士移植到俗人心中，因而否定了在俗人之外的教士一样。同样地，由于私有财产同人融为一体，而人本身被看作是私有财产的本质，因而在人之外并且不依赖于人的、从而只是作为外在的东西得到收藏和保存的财富就被扬弃了，换言之，财富的这种**外在的**、**无思想的对象性**就被扬弃了；但正是因为这个缘故，人本身被当成了私有财产的规定，就像在路德那里被当成了宗教的规定一样。因此，以劳动为原理的国民经济学，在承认人这种假象下面，无宁说不过对人进行了彻底的否定，因为人本身已经不是同私有财产的外在本质处于外部的紧张关系中，而是人本身成了私有财产的紧张的本质。以前对人说来是外在的存在、是人的现实的外化的东西，现在只是变成了外化的行为，变成了出让。因此，如果说上面提到的那种国民经济学从承认人，承认人的独立性、自我活动等等这种假象开始，并由于把私有财产移入人本身的本质而能够不再受作为**存在于人之外的本质的私有财产之地方的**、**民族的和其他的规定**所制约，从而使一种世界主义的、普遍的、摧毁一切界限和束缚的势力发展起来，以便自己作为唯一的政策、唯一的普遍性、唯一的界限和唯一的束缚取而代之，——那么，国民经济学在它往后的发展过程

中便必然要抛弃这种**伪善性**，而把**自己的玩世不恭**发挥得**淋漓尽致**。它实际上也是这样做的：它不重视这种理论使它陷入的那一切有目共睹的矛盾，而十分**片面地**、因而也更加**明确地**和**彻底地**发挥了关于**劳动**是**财富**的唯一**本质**的论点，指明这个学说所推演出的结论，与上述原来的观点相反，具有**敌视人的**性质；末了，它还给予私有财产和财富泉源的最后一个独特的、自然的、不依赖于劳动的运动的存在形式——已经完全成了国民经济学的东西并且因而是封建所有制无力反抗国民经济学的一种表现的**地租**——以致命的打击。（**李嘉图**学派）从斯密经过萨伊到李嘉图、穆勒等等，国民经济学的**玩世不恭**不仅就**工业**所导致的后果在这些人面前以更发达和更充满矛盾的形式表现出来这一点而言相对地增长了，而且在绝对的意义上，他们也总是自觉地在从人异化这一点上比他们的先驱者走得更远，但这**只是**因为他们的科学变得更加彻底和更加真实罢了。由于他们把能动形式的私有财产变为主体，也就是说，既把人本身宣布为本质，同时也把作为某种畸形存在物的人宣布为本质，所以，现实中的矛盾就完全符合于他们视为原理的那个充满矛盾的本质了。**工业**的支离破碎 ‖ II | 的**现实**不仅不否定，而且相反地在肯定他们**自身内部的支离破碎的**原理。因为他们的原理实际上就是这种支离破碎状态的原理。

魁奈医生的重农主义学说是从重商主义学说到亚当 · 斯密

的过渡。**重农主义**直接地就是封建所有制在**国民经济学上的**解体，但正是因此它也同样直接地是这种封建所有制在国民经济学上的**变革**、恢复，只是它的语言在这中间已经变得不是封建的，而是经济学的了。［按照重农学派的学说，］全部财富都在于**土地**和**耕作**（农业）。土地还不是**资本**，它是资本的一种**特殊的**存在形式，这种存在形式只有在它的自然特殊性中并且只是**由于**它的这种自然特殊性，才具有价值。虽然重商主义学说只是把**贵金属**看作财富，但土地毕竟是一种普遍的自然**要素**。因此，［在重农学派那里，］财富的**对象**、材料，立即获得了**自然界范围内**最高的普遍性（因为财富的对象、材料，作为**自然界**，仍然直接地是对象性的财富）。而土地只有通过劳动、耕作，才对**人**说来是存在着的。因而，财富的主体的本质已经移入劳动中。但同时耕作被宣布为**唯一生产性的**劳动。因此，劳动还没有从它的普遍性和抽象性来加以把握，它还同**作为它的材料**的一个特别的**自然要素**结合在一起，而因之它还仅仅在一种**特殊的、具有自然规定性的存在形式**中被认识。所以，正像劳动产品还被看作是一种特定的——与其说来源于劳动本身，无宁说来源于自然界的——财富一样，劳动不过是人的一种特定的、特殊的外化。在这里，土地还被看作是不依赖于人的自然存在，还没有被看作是资本，也就是说，还没有被看作是劳动本身的一个要素。相反地，无宁说劳动被看作是**土地**的一个要素。但是，由于对过去的、只是作为对象而存在的外部财富的拜物教在这里被归结为一种极其简单的自然要素，而财富的主体的存在已经被承认——虽然只是部分地、以一种特殊的方式承认——为财富的本质，所以，认识财富的普遍本质，并因此把具有完全绝对性即抽象性的**劳动**提高为**原理**，乃是一个必要的进步。人们向重农学派证明，从经济学的、亦即唯一合理的观点看来，**农业**同其他一切生产部门毫无区别，因而，财富的**本质**不是某种**特定的**劳动，不是与某种特殊要素结合在一起的某种特殊的劳动表现，而是**一般的劳动**。

重农主义理论既把劳动宣布为财富的**本质**，因而也就否定了**特殊的**、外部的、纯对象性的财富。但是，在重农学派看来，劳动首先只是地产的主体的本质（重农学派是以那种在历史上占统治地位并得到公认的财产为出发点的）；在他们那里，只有地产才成为**外化了的人**。重农学派把**劳动**（耕作）说成是地产的**本质**，从而扬弃了地产的封建性质；但是由于他们宣布**耕作**是**唯一的**劳动，因而他们对工业世界持否定的态度，并且承认封建制度。

不言而喻，一旦把握了与地产相对立而成立的工业，亦即作为工业而成立的工业的主体的本质，那么，这种本质就同时也包含着自己的那个对立物。因为正像工业包含着已被扬弃了的地产一样，工业的**主体的**本质也同时包含着**地产**的主体的本质。

地产是私有财产的第一个形式，而工业在历史上最初只是作为财产的一个特殊种类与地产相对立，或者无宁说它就是地产的被释放了的奴隶。同样地，在科学地理解私有财产的**主体的**本质即**劳动**时，这一过程也在重演：劳动起初只是作为**农业劳动**而出现，然后才作为一般的**劳动**得到承认。

‖ III | 一切财富都成了**工业的**财富、劳动的**财富**，**工业**不过是完成了的劳动，正像**工厂制度**是**工业**即劳动的展开了的本质，而**工业资本**是私有财产的完成了的、客观的形式一样。

我们看到，只有这时私有财产才能实现其对人的统治，并以其最普遍的形式成为世界史的力量。

[私有财产和共产主义]

补入第 XXXIX 页。——但是，**无产**和**有产**之间的对立，只要还没有把它理解为**劳动**和**资本**之间的对立，那它就还是一种无关紧要的对立，就还没有把握住它的**能动的关系**、它的**内在的**关系，就还没有把它理解为**矛盾**[46]。这种对立，即使没有私有财产的发达的运动，也可以通过**初步的**形式表现出来（如在古罗马、土耳其等地方那样）。这种形式的对立还不**表现**为受私有财产本身制约的东西。但是，作为财产之排除的劳动，即私有财产的主体的本质，和作为劳动之排除的资本，即客体化了的劳动，——这就是处于上述对立的发展到矛盾地步的状态，因而也处于促使这一矛盾得到解决的高度紧张状态的**私有制**。

补入同上页。——自我异化的扬弃跟自我异化走着同一条道路。最初，对私有财产只是从它的客观方面来加以考察，——但劳动仍然被看成是它的本质。因此，它的存在形式就是"本身"应被扬弃的**资本**（蒲鲁东）。或者，劳动的**特殊方式**——千篇一律的、零零碎碎的、因而是不自由的劳动——被理解为私有财产及其从人异化的存在的**有害性**的根源——**傅立叶**；他和重农学派一样，仍然认为**农业劳动**至少是**最好的**劳动[47]。反之，**圣西门**则宣称事情的本质在于**工业劳动**本身，因此他极力要求工业家的**独占**统治和劳动者状况的改善[48]。最后，**共产主义**是被废除了的私有财产的**积极的**表现；开始时它表现为**普遍的**私有财产[49]。共产主义从私有财产的**普遍性**来把握私有财产关系，因而共产主义

（1）在它的最初的形式中，不过是私有财产关系的**普遍化**和**完成**[50]。作为这种普遍化和完成，它具有两种形态：第一，**实物**财产对它的强有力的统治，使得它极力要把**一切**不能作为**私有财产**由一切人所占有的**东西**加以摧毁；它想**用强力**抹煞天

赋等等。在它看来，物质上的直接的**占有**是生活和生存的唯一目的；**劳动者**这个范畴并没有被扬弃，而是被推广到一切人身上；私有财产关系仍然是整个社会同实物世界的关系；最后，把普遍的私有财产同私有财产对立起来的这个运动以一种动物的形式表现出来：这个运动把使妇女成为**公有的**和**共有的**财产的**共妻制**同**婚姻**（这实际上是**排他的私有财产**的一种**形式**）对立起来。可以说，**共妻制**这一思想暴露了这个还是完全粗陋的和没有头脑的共产主义的**秘密**。正像妇女在这里从婚姻转向普遍的卖淫①一样，财富即人的对象化了的本质的整个世界也从它同私有者的排他的婚姻关系转向它同整个社会的普遍卖淫的关系。这种到处否定人的**人格**的共产主义，不过是私有财产（它就是这种否定）的彻底表现而已。普遍的和作为权力而形成的**嫉妒**，是**贪欲**所借以表现自己和只是用**另一种**方式来借以满足自己的隐蔽形式。任何私有财产，就其是私有财产而言，都**至少**对**较富裕的**私有财产感到嫉妒和平均欲，以致这种嫉妒和平均欲甚至构成竞争的本质。粗陋的共产主义不过是从**想象的**最低限出发的这种嫉妒和这种平均化的完成。这种共产主义具有一个**确定的**、**狭隘的**尺度。对整个文化和文明的世界的抽象否定，

① 卖淫不过是**劳动者**的**普遍**卖淫的一个**特殊的**表现，而由于这种卖淫是一种不仅包括被迫卖淫者，而且包括逼人卖淫者的关系，并且后者的下流无耻远为严重，所以，资本家等等，也包括到卖淫这一范畴中。——马克思原注

向**贫穷的**、粗野的和没有欲望的人——这种人不仅没有超越私有财产的水平，甚至从来没有达到私有财产的水平——的**违反自然的** ‖IV | 单纯性的倒退，恰恰说明了私有财产的废除决不是对私有财产的真正占有[51]。

［在粗陋的共产主义看来，］共同性只是劳动的共同性和作为普遍的资本家的**共同体**即公共资本所支付的**工资**的平等。相互关系的两个方面被提高到**想象的**普遍性的程度：**劳动**是每个人的本分，而资本是整个社会的公认的普遍性和力量。

拿**妇女**当作共同淫乐的**牺牲品**和婢女来看待，这表现出了人在对待自己本身方面所经历的那种无限的堕落，因为**男人**如何对待**妇女**，以及对**直接的**、**自然的**、类的关系如何理解，都**毫不含糊地**、确凿无疑地、**明显地**、露骨地表现出这种关系的秘密。**男女之间的关系**是人与人之间的直接的、自然的、必然的关系。在这种**自然的**、类的关系中，人同自然界的关系直接地包含着人与人之间的关系，而人与人之间的关系直接地就是人同自然界的关系，就是他自己的**自然的**规定。因此，这种关系以一种**感性的**形式、一种显而易见的**事实**，**表明**属人的存在在何种程度上对人说来成了自然界，或者，自然界在何种程度上成了人的属人的存在。因而，根据这种关系就可以判断出人的整个文明程度。根据这种关系的性质就可以看出，**人**在何种程度上对自己说来成为**类的存在物**，对自己说来成为**人**并且把自己理解为人。男女之间的关系是人与人之间**最自然的**关系。因此，这种关系可以表现出人的**自然的**行为在何种程度上成了**人的**行为，或者，**人的**本质在何种程度上对人说来成了**自然的**本质，他的**属人的自然界**在何种程度上对他说来成了**自然界**。这种关系还表明，人之**需要**在何种程度上成了**人的**需要，也就是说，**其他**人作为人在何种程度上对他说来成了需要，他在他个人的存在中在何种程度上同时又是社会的存在。

由此可见，对私有财产的第一个积极的扬弃，即**粗陋的**共产主义，不过是想把自己确立为**积极的共同性**的私有财产的卑鄙性的一种**表现形式**。

（2）α. 还具有政治性质的共产主义，即民主的或专制的共产主义；β. 废除国家的，但同时还未完成的，并且仍然处于私有财产即人的异化的影响下的共产主义。这两种形式的共产主义都已经把自己理解为人向自身的还原或复归，理解为人的自我异化的扬弃；但是由于它还没有弄清楚私有财产的积极的本质，并且还不理解需要的**属人的**性质，所以他还为私有财产所迷惑和毒化。它诚然已经理解了私有财产这一概念，但是还没有弄清楚它的本质。

（3）**共产主义**是**私有财产**即**人的自我异化**的**积极的**扬弃，因而也是通过人并且为了人而对**人的**本质的真正**占有**；因此，它是人向作为**社会的**人即合乎人的本性的人的自身的复归，这种复归是彻底的、自觉的、保存了以往发展的全部丰富成果的。这种共产主义，作为完成了的自然主义，等于人本主义，而作为完成了的人本主义，等于自然主义；它是人和自然界之间、人和人之间的矛盾的**真正**解决，是存在和本质、对象化和自我确立、自由和必然、个体和类之间的抗争的真正解决。它是历史之谜的解答，而且它知道它就是这种解答[52]。

‖V|因此，历史的全部运动，既是这种共产主义的**现实的**产生活动——它的经验的存在的诞生活动，同时，对于共产主义者的能思维的意识说来，又是它的**生成**的**被理解**和**被认识的**运动。上述的那种还未完成的共产主义从那些同私有财产相对立的个别历史形态中为自己寻找**历史的**证明，从现存的事物中寻找证明，同时从运动中抽出个别环节（卡贝、维尔加德尔等等特别喜欢卖弄这一套），把它们作为自己的历史的纯血性的证明固定起来；但是它的这种做法只是证明，历史运动的绝大部分是同它的论断相矛盾的，而如果说它曾经存在过，那么它的这种**过去的**存在恰恰驳斥了它以**本质**自居的奢望。

不难看到这样一种必然性，即整个革命运动在**私有财产**的运动中，亦即在经济中，既为自己找到经验的基础，也为自己找到理论的基础。

这种**物质的**、直接**感性的**私有财产，是**异化了的人的**生活的物质的、感性的表现。私有财产的运动——生产和消费——

是以往一切生产的运动的**感性**表现，也就是说，是人的实现或现实。宗教、家庭、国家、法、道德、科学、艺术等等，都不过是生产的一些**特殊的**形态，并且受生产的普遍规律的支配。因此，**私有财产**的积极的扬弃，作为**人的**生活的确立，是一切异化的积极的扬弃，从而是人从宗教、家庭、国家等等向自己的**合乎人的本性的**存在亦即**社会的**存在的复归。宗教的异化本身只是发生在人内心深处的**意识**领域中，而经济的异化则是**现实生活**的异化，——因此异化的扬弃包括两个方面。不言而喻，在不同的民族那里，这一运动是从哪个领域**开始**，这取决于该民族的**公认的**生活主要地是在意识领域中进行还是在外部世界中进行，这种生活更多地是观念的生活还是现实的生活。共产主义立即从无神论开始（**欧文**）[53]，而无神论则在开始时还远不是**共产主义**；因为，那种无神论还无宁是个抽象。所以，无神论的博爱最初还只是**哲学的**、抽象的博爱，而共产主义的博爱则从一开始就是**现实的**、直接追求**实效**的博爱。

我们已经看到，在私有财产已被积极扬弃的前提下，人如何创造人——他自己和别人；同时，作为他的个性的直接体现的对象，如何对别人说来是他自己的存在，是这个别人的存在，并且对他说来是别人的存在。但是，同样地，无论劳动的材料还是作为主体的人，都既是运动的结果，又是运动的出发点（并且正是劳动的材料和作为主体的人必须是**出发点**这一点，包含着私有财产的历史**必然性**）。因此，**社会的**性质是整个运动的普遍的性质；**正像**社会本身创造着作为**人**的**人**一样，人也**创造着**社会。活动及其成果的享受，无论就其内容或就其**存在方式**来说，都具有**社会的**性质：是**社会的**活动和**社会的**享受。自然界的**属人的**本质只有对**社会的**人来说才是存在着的；因为只有在社会中，自然界才对人说来是人与**人**间**联系的纽带**，才对别人说来是他的存在和对他说来是别人的存在，才是属人的现实的生命要素；只有在社会中，自然界才表现为他自己的**属人的**存在的**基础**。只有在社会中，人的**自然的**存在才成为人的**属人的**存在，而自然界对人说来才成为人。因此，**社会**是人同自然界的完成了的、本质的统一，是自然界的真正复活，是人的实现了的自然主义和自然界的实现了的人本主义。

‖VI|社会的活动和社会的享受决不**仅仅**以**直接**集体的活动和直接**集体的**享受这种形式而存在，虽然**集体的**活动和**集体的**享受，亦即直接通过同其他人的**实际聚合**来表现自己和确证自己的那种活动和享受，在社会性的上述**直接**表现以这种活动或这种享受的内容本身为根据并且符合于这个内容的性质的地方，是到处存在的。

甚至当我从事**科学**之类的活动，亦即当我从事那种只是在很少的情况下才能直接同别人共同进行的活动的时候，我也是在从事**社会的**活动，因为我是作为**人**而活动的。不仅我进行活动所需的材料，——甚至思想家借以进行活动的语言本身，——是作为社会的产物给与我的，而且我**自身的**存在也**是**社会的活动；因此，我用我自身所做出的东西，是我用我自身为社会做出的，并且意识到我自身是社会的存在物。

我的**一般**意识不过是以**现实的**共同体、社会为**活生生的**形态的那个东西的**理论的**形态，但是在今天，**一般**意识是撇开了现实生活的抽象物，并且作为这样的抽象物是与现实生活相敌对的。因此，我的一般意识的**活动**本身也是我作为社会存在物的**理论的**存在。

首先应当避免重新把“社会”作为抽象物同个人对立起来。个人**是社会的存在物**。因此，他的生活表现——即使它不直接采取集体的、同其他人共同完成的生活表现这种形式——**是社会生活**的表现和确证。人的个人生活和类的生活并不是**各不相同的**，尽管个人生活的存在方式必然地是类的生活的较为**特殊的**表现或者较为**一般的**表现，而类的生活必然地是较为**特殊的**个人生活或者较为**一般的**个人生活。

作为**类的意识**，人确证自己的现实的**社会生活**，并且只是在思维中再现着自己的现实的存在；反之，类的存在则在类的意识中确证自己，并且在自己的一般性中作为能思维的存在物自为地存在着。

因此，如果说人是一个特殊的个体，并且正是他的特殊性使他成为一个个体和现实的、**单个的**社会存在物，那么，同样地他也是**总体**、观念的总体、可以被思考和被感知的社会之主体的、自为的存在，正如在现实中，他既作为社会存在的直观和对这种存在的现实享受而存在，又作为属人的生命表现的总体而存在一样。

可见，思维和存在虽然是彼此**有别**的，但是同时二者又处于**统一**之中。

死似乎是类对**特定的**个人的冷酷无情的胜利，并且似乎是同二者的统一相矛盾的；但是特定的个人不过是一个**特定的类的存在物**，并且作为这样的存在物是必死的。

（4）人既对自己说来成为**对象性的东西**，同时又无宁成为异己的和非人的对象；他的生命的表现就是他的生命的外化，他的现实化就是他的非现实化，就是他的异己的现实。**私有财产**不过是上述情况的感性的表现罢了。同样地，对私有财产的积极的扬弃，也就是说，通过人并且为了人而对人的本质和人的生活、对对象化了的人和属人的**创造物**的**感性的**占有，不应当仅仅被理解为对物的**直接的**、片面的**享受**，不应当仅仅被理解为**享有**、**拥有**。人以一种全面的方式，也就是说，作为一个完整的人，把自己的全面的本质据为己有。人同世界的任何一种**属人的**关系——视觉、听觉、嗅觉、味觉、触觉、思维、直观、感情、愿望、活动、爱——总之，他的个体的一切官能，正像

那些在形式上直接作为社会的器官而存在的器官一样，‖VII|是通过自己的**对象性的**关系，亦即通过自己**同对象的关系**，而对对象的占有。对**属人的**现实的占有，属人的现实同对象的关系，是**属人的现实的实际上的实现**①；是人的**能动**和人的**受动**，因为按人的含义来理解的受动，是人的一种自我享受。

私有财产使我们变得如此愚蠢而片面，以致任何一个对象，只有当我们拥有它时，也就是说，当它对我们说来作为资本而存在时，或者当我们直接占有它，吃它，喝它，穿戴它，住它等等时，总之，当我们**消费**它时，它才是**我们的**，——尽管私有财产也把占有的这一切直接的实现仅仅看作**生活手段**，而以占有的这一切直接的实现为手段的那种生活是**私有财产的生活**——劳动和资本化。

因此，**一切**肉体的和精神的感觉为这**一切**感觉的简单的异化即**拥有**感所代替。为了使属人的存在物能够从自身产生出自己的内在的财富，必须使他沦落到怎样一种绝对的贫困啊。（关于**拥有**这个范畴，请参看**赫斯**发表在文集《来自瑞士的二十一印张》中的论文[54]。）

因此，私有财产的废除，意味着一切属人的感觉和特性的彻底**解放**；但这种废除之所以是这种解放，正是因为这些感觉

① 因此，正像人的**本质规定**和人的活动是形形色色的一样，属人的现实也是形形色色的。——马克思原注

和特性无论在主观上还是在客观上都变成了**人的**。眼睛变成了**人的**眼睛，正像眼睛的**对象**变成了通过人并为了人而创造的社会的、**属人的**对象一样。因此，**感觉**通过自己的实践直接变成了**理论家**。感觉为了物而同**物**发生关系，但这物本身却是对自己本身和对人的一种**对象性的、属人的**关系①；反之亦然。因此，[对物的]需要和享受失去了自己的**利己主义**性质，而自然界失去了自己的赤裸裸的**有用性**，因为效用成了**属人的**效用。

同样地，别人的感觉和享受也成了我**自己的**所有物。因此，除了这些直接的器官以外，还以社会这种**形式**形成**社会的**器官。例如，直接同别人一起共同实现的活动等等，成了我的**生命表现**的器官和获得人的**生活**的一种方式。

不言而喻，**人的**眼睛跟原始的、非人的眼睛有不同的感受，人的**耳朵**跟原始的耳朵有不同的感受，如此等等。

我们知道，只有当对象对人说来成为**属人的**对象，或者说成为对象化了的人，人才不致在自己的对象里面丧失自身。而只有当对象对人说来成为**社会的**对象，人本身对自己说来成为社会的存在物，而社会对人说来成为这个对象的本质，这种情况才是可能的。

因此，一方面，随着对象性的现实在社会中对人说来到处

---

① 只有当物以合乎人的本性的方式跟人发生关系时，我才能在实践上以合乎人的本性的态度对待物。——马克思原注

成为人的本质力量的现实，成为属人的现实，因而成为人**固有的**本质力量的现实，一切**对象**也对他说来成为他自身的**对象化**，成为确证和实现他的个性的对象，成为**他的**对象，而这就等于说，对象成了**他本身**。对象**如何**对他说来成为**他的**对象，这取决于**对象的性质**以及与**其**相适应的**本质力量**的性质；因为正是这种关系的**规定性**造成了一种特殊的、**现实的**肯定方式。**眼睛**对对象的感受与**耳朵**不同，而眼睛的对象不同于**耳朵**的对象。每一种本质力量的独特性，恰恰是这种本质力量的**独特的本质**，因而也是它的对象化之独特方式，它的**对象性的**、**现实的**、活生生的**存在**的方式。因此，人不仅在思维中，‖VIII|而且以**全部**感觉在对象世界中肯定自己。

另一方面，即从主体方面来看：只有音乐才能激起人的音乐感；对于不辨音律的耳朵说来，最美的**音乐**也**毫无**意义，音乐对它说来不是对象，因为我的对象只能是我的本质力量之一的确证，从而，它只能像我的本质力量作为一种主体能力而自为地存在着那样对我说来存在着，因为对我说来任何一个对象的意义（它只是对那个与它相适应的感觉说来才有意义）都以**我的**感觉所能感知的程度为限。所以社会的人的**感觉不同于**非社会的人的感觉。只是由于属人的本质的客观地展开的丰富性，主体的、属人的感性的丰富性，即感受音乐的耳朵、感受形式美的眼睛，简言之，那些能感受人的快乐和确证自己是**属人的**

本质力量的**感觉**，才或者发展起来，或者产生出来。因为不仅是五官感觉，而且所谓的精神感觉、实践感觉（意志、爱等等）——总之，**人的**感觉、感觉的人类性——都只是由于**相应的**对象的存在，由于存在着**人化了的**自然界，才产生出来的。五官感觉的**形成**是以往全部世界史的产物。囿于粗陋的实际需要的**感觉**只具有**有限的**意义。对于一个饥肠辘辘的人说来并不存在着食物的属人的形式，而只存在着它作为食物的抽象的存在；同样地，食物可能具有最粗糙的形式，并且不能说，这种饮食与**动物**的摄食有什么不同。忧心忡忡的穷人甚至对最美丽的景色都无动于衷；贩卖矿物的商人只看到矿物的商业价值，而看不到矿物的美和特性；他没有矿物学的感觉。因此，一方面为了使人之**感觉**变成**人的**感觉，而另一方面为了创造与人的本质和自然本质的全部丰富性相适应的**人的感觉**，无论从理论方面来说还是从实践方面来说，人的本质的对象化都是必要的。

〈通过**私有财产**及其富有和贫困——物质的和精神的富有和贫困——的运动，正在生成的社会为自己找到这一**形成过程**所需的全部材料；同样地，**已经生成的**社会，作为自己的恒定的现实，也创造着具有人的本质的全部丰富性的人，创造着**具有深刻的感受力的丰富的、全面的**人。——〉我们知道，主观主义和客观主义，唯灵主义和唯物主义，能动和受动，只是在社会状态中才失去它们彼此间的对立，并从而失去它们作为这样的对立物的存在；〈我们知道，**理论的**对立本身的解决，**只有**通过**实践的**途径，只有借助于人的实践的力量，才是可能的；因此，对立的解决决不仅仅是认识的任务，而是一个**现实的**、生活上的任务，而正是因为**哲学**把这一任务**仅仅**看作理论的任务，所以**哲学**未能解决它。——

我们知道，**工业**的历史和工业的已经产生的**对象性的**存在，是**人的本质力量**的**打开了的**书本，是感性地摆在我们面前的、人的**心理学**[55]；迄今人们从来没有联系着人的**本质**，而总是仅仅从表面的有用性的角度，来理解这部心理学，因为在异化的范围内活动着的人们，仅仅把人的普遍存在，把宗教或者诸如政治、艺术和文学等等这样一些抽象普遍形式的历史，‖IX|看作人的本质力量的现实和**人的类的活动**。**通常的、物质的工业**（人们可以把它看成是上述普遍运动的一部分，正像可以把这个运动本身看成是工业的一个**特殊**部分一样，因为全部人的活动迄今都是劳动，即勤劳［Industrie］，是从自己本身异化出去的活动）是以**感性的、外在的、有用的对象**的形式，以异化的形式摆在我们面前的、人的**对象化了的本质力量**。那种还没有揭开这本书，亦即还未触及历史的这个恰恰从感觉上最容易感知的、最容易理解的部分的**心理学**，不能成为真正内容丰富的和**现实的**科学。〉那种**高傲地**撇开人的劳动的这一巨大部分并且不感觉自己本身的不足的科学，当人的活动的如此广泛的丰富性除了可以用“**需**

要”、“**日常的需要**”来一言以蔽之的东西以外没有使它明白任何其他东西的时候，人们关于这样的科学究竟应该怎样想呢？——**自然科学**展开了巨大的活动并且积累了不断增多的材料。但是哲学对自然科学说来始终是毫不相干的，正像自然科学对哲学说来也始终是毫不相干的一样。一下子把自然科学同哲学结合起来，这不过是一种**不切实际的幻想**。存在着结合的意志，但缺少结合的能力。甚至史学也只是顺便地考虑到自然科学，仅仅把它看作是启蒙、有用性和某些伟大发现的一个因素。然而，自然科学却通过工业日益**在实践上**进入人的生活，改造人的生活，并为人的解放做好准备，尽管它不得不直接地完成［人的关系的］非人化。**工业**是自然界、因而也是自然科学跟人之间的**现实的**、历史的关系。因此，如果把工业看作人的**本质力量**的**公开的**展示，那么，自然界的**属人的**本质，或者人的**自然的**本质，也就可以理解了；从而，自然科学将失去它的抽象物质的，或者无宁说唯心主义的倾向，并且将成为**人文**科学的基础，正像它现在已经——尽管以一种异化的形式——成了现实的、人的生活的基础一样；而说什么生活有它的**一种**基础，**科学**有它的另一种基础——这压根儿就是一种谎言。〈在人类历史——人类社会的产生活动——中生成着的自然界是人的**现实的**自然界；因此，通过工业而生成——尽管以一种**异化的**形式——的那种自然界，才是真正的、**人本学的**自然界。——〉**感性**（参见费尔巴哈）必须是一切科学的基础。科学只有从**感性的**意识和**感性的**需要这两种形式的感性出发，因而，只有从自然界出发，它才是**真正的**科学。全部历史都是为了使“**人**”成为**感性**意识的对象和使“作为人的人”的需要成为 [自然的、感性的] 需要所做的准备。历史本身是**自然史**的一个现实的部分，是自然界生成为人这一过程的一个**现实的**部分。正像关于人的科学将包括自然科学一样，自然科学往后也将包括关于人的科学：这将是**一门**科学。

‖ X | **人**是自然科学的直接的对象；因为对人说来，直接的**感性的自然界**直接地就是人的感性（这是同一个说法），直接地就是对他说来感性地存在着的**另一个**人；因为他自己的感性，只有通过**另一个**人，才对他本身说来作为人的感性存在着。然而**自然界**却是**关于人的科学**的直接的对象。人的第一个对象，即人，是自然界、感性；而那些特殊的、属人的、感性的本质力量，正如它们只有在**自然**对象中才能得到客观的实现一样，只有在一般的关于自然界的科学中才能获得它们的自我认识。甚至思维本身的要素，作为思想的生命表现的要素，即**语言**，也是感性的自然界。自然界的**社会的**现实和**属人的**自然科学，或**关于人的自然科学**，都说的是同一个东西。——〈我们知道，**丰富的人**和丰富的、**人的**需要要代替经济学上的**富有**和**贫困**。**丰富的**人同时也是**需要**人的十分完满的生活表现的人，是他自

身的实现在自己身上表现为内在的必然性即**需要**的人。不仅是人的**富有**，而且人的**贫困**，在社会主义的前提下也同样地具有**人的**、因而是社会的意义。贫困是一种受动的纽带，它迫使人感觉到对**其他**人这种最大的财富的需要。因此，对象性的东西在我身上的统治，我的本质活动的感性的爆发，是在这里进而成为我的本质之**活动**的**情欲**。——〉

(5) 任何一个**存在物**只有当它立足于自身的时候，才在自己的眼里是独立的，而只有当它依靠自己而**存在**的时候，它才算立足于自身。靠别人的恩典为生的人，认为自己是一个从属的存在物。但是，如果我不仅靠别人维持我的生活，而且别人还**创造了**我的**生活**，别人还是我的生活的**泉源**，那么，我就是完全靠别人的恩典为生的；而如果我的生活不是我自己本身的创造，那么，我的生活就必定在我之外有这样一个根基。所以，**造物**这个观念是很难从人们的意识中排除的。人们的意识**不能理解**自然界和人的依靠自身的存在，因为这种依靠自身的存在是跟实际生活中的一切**明摆着的事实**相矛盾的。

关于上帝创造**大地**的观念，受到**地球构造学**[56]，亦即把地球的形成、生成描述为一种过程、一种自我产生的科学的致命打击。Generatio aequivoca[57]［自然发生］说是对创世说的唯一实际的驳斥。

当然，对个别的人说亚里士多德已经说过的下面这句话是

容易的，即：你是你的父亲和你的母亲生出来的；这就是说，你是两个人的性结合的产物，也就是说，人的类的行为产生了人。因而，你知道，人的肉体的存在也是要归功于人的。所以，你应该不仅注意**一个**方面、即无限的过程，因为你会基于这一过程而继续发问：谁生出了我的父亲？谁生出了他的祖父？等等。你还应该紧紧盯住这个无限过程中的那个从感性上可以直接感知的**循环运动**：由于这个循环运动，人才通过生儿育女使自己本身重复出现，并因而**人**始终是主体。然而你会回答说：我承认这个循环运动，那么你也要承认上述那个无限的过程，这个过程在我提出谁产生了第一个人和整个自然界这一问题之前会驱使我不断地寻根究底下去。关于这一点，我只能对你做如下的回答：你的问题本身就是抽象的产物。请你自问一下，你是怎样想到这个问题的；请你自问一下，你的问题是不是来源于一个唯因其荒谬，因而我无法回答的观点。请你自问一下，上述无限的过程本身对理性的思维说来是否存在。当你提出自然界和人的创造这一问题的时候，你从而也就把人和自然界抽象掉了。你认为人和自然界是**不存在的**，然而你却希望我向你证明人和自然界的**存在**。我现在对你说：如果你抛弃你的抽象，那么你也就抛弃你的问题；如果你要坚持自己的抽象，那么你就要坚持到底，而只要你认为人和自然界是**不存在的**，‖XI|那么你就要认为自己本身也是不存在的，因为你也是自然界和

人啊。不要那样想，也不要那样向我提问，因为只要你那样想并提问，那么你把自然界和人的存在**抽象掉**，就失去了任何意义。也许你是一个认为一切都不存在，而自己却想存在的利己主义者吧？

你可能反驳我说：我并不认为自然界等等是不存在的；正像我向解剖学家提出骨骼形成问题等等一样，我是在问你自然界是如何**产生**的。

但是由于在社会主义的人看来，**全部所谓世界史**不外是人通过人的劳动的诞生，是自然界对人说来的生成，所以，在他那里有着关于自己依靠自己本身的**诞生**、关于自己的**产生过程**的显而易见的、无可辩驳的证明。既然人和自然界的**实在性**，亦即人对人说来作为自然界的存在和自然界对人说来作为人的存在，已经具有实践的、感性的、直观的性质，所以，关于某种**异己的**存在物、关于凌驾于自然界和人之上的存在物的问题，亦即包含着对自然界和人的非实在性的承认的问题，实际上已经成为不可能的了。**无神论**，作为对这种非实在性的否定，已不再有任何意义，因为无神论是**对神的否定**，并且正是通过这种否定而肯定**人的存在**；但是社会主义，作为社会主义，已经不再需要这样的中介：它是从作为**存在物**的人和自然界的**理论上和实践上的感性意识**开始的。社会主义是人的不再以宗教的否定为中介的**肯定的自我意识**，正像**现实生活**是人的不再以私

有财产的否定即**共产主义**为中介的肯定的现实一样。**共产主义**是作为否定之否定的肯定，因此它是人的解放和复归的一个**现实的**、对历史发展次一阶段说来是必然的环节。**共产主义**是最近将来的必然的形式和能动的原则。但是，共产主义本身并不是人类发展的目标——人的社会的形式。| XI ‖

[需要、生产和分工]

‖ XIV | （7）我们已经看到，人的需要的丰富性，从而**生产的**某种**新的方式**和生产的某种新的**对象**在社会主义的前提下具有何等的意义：**人的**本质力量的新的显现和**人的**存在的新的充实。在私有制的范围内，这一切都具有相反的意义。每个人都千方百计在别人身上唤起某种**新的**需要，以便迫使他做出新的牺牲，把他置于一种新的依赖地位，促使他进行新花样的**享乐**，从而使他陷于经济上的破产。每个人都力图创造出一种支配其他人的、**异己的**本质力量，以便从这里面找到自己本身的利己需要的满足。因此，随着对象的量的增长，压制人的异己本质的王国也在扩展，而每一个新的产品都是产生相互欺骗和相互掠夺的新的**潜在力量**。随着人作为人越来越贫穷，人越来越需要**货币**，以便占有这个敌对的本质，而他的**货币**的力量却恰恰

与产品的量成反比例地下降，也就是说，他的贫穷随着货币的**力量**的增长而日益增长。——因此，对货币的需要是国民经济学所产生的真正需要，并且是它所产生的唯一需要。——货币的**量**越来越成为它的唯一**强有力的**属性；正像货币把任何存在物归结为它的抽象一样，它也在自己本身的运动中把自己本身归结为**量的**存在物。**无度**和**过度**成了货币的真正尺度。

甚至从主观方面来说，这也部分地表现在下述情况上，即产品和需要的范围的扩大，成为对不近人情的、过于讲究的、违反自然的和**想入非非的**欲望的**精心安排的**和总是**考虑周到的**迎合。私有制不能把粗野的需要变为**人的**需要。它的**理想主义**不过是**幻想、奇想、怪想**；没有一个宦官像工业的宦官即生产者那样低声下气地向自己的君主献媚，并且像他们那样用卑鄙的手段来刺激君主的麻痹了的享乐能力，以便赢得君主的恩宠；工业的宦官即生产者力图用狡猾的手段来骗取银币，从自己的按基督教教义说来应受敬爱的邻人的口袋里诱取黄金鸟（每一个产品都是人们想用来从别人那里诱骗他的命根子即金钱的诱饵；每一个现实的或可能的需要都是把苍蝇诱向粘竿的弱点；对社会的、人的本质的普遍盘剥，正像人的每一个缺陷一样，是把人同天国联结起来的一个纽带，是使人的心能够接近僧侣的一个方面；每一个急难都是一个机会，使人能够趁机做出倍显殷勤的面孔来接近自己的邻人并且向他说：亲爱的朋友，我

《马克思的大女儿燕妮画像》（版画） 李 庚 作

给你所需要的东西，而你是知道 conditio sine qua non [必不可缺的条件] 的，你也知道你应当用什么样的墨水给我书写卖身契；我使你受用，我也要从你身上捞一把），——为了这个目的，工业的宦官投合消费者的卑鄙下流的意念，充当消费者和他的需要之间的皮条匠，激起他的病态的欲望，窥伺他的每一个弱点，以便然后为这种亲切的服务要求报酬。——这种异化还部分地表现在这样一种情况上，即一方面所发生的需要和满足需要的资料的精致化，在另一方面产生着需要的畜类般的野蛮化和最彻底的、粗糙的、抽象的简单化，或者无宁说这种精致化只是在相反的意义上再生产着自己本身。甚至对新鲜空气的需要在劳动者那里也不再成其为需要了。人又退回到洞穴中，不过这洞穴现在已被窒息人的文明的瘴气所污染。他**不能塌塌实实地**住在这洞穴中，仿佛它是一个每天都可能从他身旁脱走的异己力量，因为如果他 ‖ XV | 交不起房租，他就每天都可能被赶出洞穴。劳动者必须为这停尸房**支付租金**。**光亮的**居室，这曾被埃斯库罗斯笔下的普罗米修斯称为使野蛮人变成人的伟大天赐之一，现在对劳动者说来已不再存在了。光、空气等等，甚至**动物**所固有的最简单的洁癖，都不再成为人的需要了。**污秽**，这人的堕落、腐化的标志，这文明的**阴沟**（就这个词的本来意义而言），成了劳动者的**生活要素**。**违反自然的**满目疮痍，日益败坏的自然界，成了他的**生活要素**。他的任何一种感觉不

仅不再以人的形式存在，而且不再以**非人的**形式存在，因而甚至不再以动物的形式存在。人类劳动的最原始的**方式**（和**工具**）又重新出现了：例如，罗马奴隶的**脚踏磨车**又成了许多英国劳动者的生产工具和生存手段。人不仅失去了人的需要，甚至失去了**动物的**需要。爱尔兰人已经只知道一种需要——**吃**的需要，而且这吃也仅仅限于**马铃薯**，并且只是最劣等的**破烂马铃薯**。但是，在英国和法国的每一个工业城市中都有一个自己的**小小的**爱尔兰。连野人、动物都有猎捕、运动等等的需要，与自己的同类交往的需要。——机器的简单化，劳动的单纯化，被利用来把还完全未发育成熟的、正在成长的人即**儿童**变成劳动者，正像劳动者变成被遗弃的儿童一样。机器适应着人的**软弱性**，以便把**软弱的**人变成机器。

〈关于需要和满足需要的资料的增长如何造成需要和满足需要的资料的丧失这一问题，国民经济学家（和资本家：当我们谈到作为资本家的**科学的**自白和科学的存在的国民经济学家时，我们总是指**经验的**生意人而言）是这样论证的：（1）他把劳动者的需要归结为维持最起码、最可怜的物质生活，而把劳动者的活动归结为最抽象的机械运动；因而他说，人无论在活动方面还是在享乐方面，都再没有任何其他的需要；因为国民经济学家**甚至**把这样的生活都宣布为**人的**生活和**人的**存在；（2）他把尽可能贫乏的生活（生存）当作自己进行**计算**的尺度，而且是普遍的尺度：所以说是普遍的，是因为它适用于大多数人。国民经济学家把劳动者变成没有七情六欲的和没有需要的存在物，正像他把劳动者的活动变成撇开一切活动的纯粹抽象一样。因此，劳动者的任何**奢侈**在他看来都是不可饶恕的，而一切超出最最抽象的需要的东西——无论是消极的享乐还是积极的活动表现——在他看来都是奢侈。因此，国民经济学这门关于**财富**的科学，同时又是关于自制、穷乏和**节约**的科学，而实际上它甚至教训人把对清洁的**空气**或肢体的**运动**的**需要**都**节省起来**。这门关于惊人的勤劳（Industrie）的科学，同时也是关于**禁欲主义**的科学，而它的真正理想则是**禁欲的**然而**进行重利盘剥的**吝啬鬼和**禁欲的**然而**从事生产的**奴隶。它的道德理想就是把一部分工资存进储蓄所的**劳动者**，而且它甚至为它所欣赏的这种理想发明了一种奴才的**艺术**。人们还怀着一种感伤的情绪把这种理想搬到舞台上去。因此，国民经济学，尽管它具有世俗的和富于情欲的外表，实际上却是道德科学、最最道德的科学。它的基本教义是：自制，对生活和一切人的需要的摒弃。你越是少吃，少喝，少买书，少上剧院、舞会和餐馆，越是少想，少爱，少谈理论，少唱，少画，少击剑等等，你就能**积攒**得越多，你的既不致为蛀虫所蚀也不致为盗贼所夺的宝藏，亦即你的**资本**，也就越大。你**存在**得越少，你表现自己的生命越少，你就**有**得越多，你的**外化了的**生命就越大，你的异化了的本质也积累得

越多。‖XVI| 国民经济学家把从你那里剥夺去的那一部分生命和人性，用**货币**和**财富**补偿给你，而你自己所办不到的一切，你的货币都能办到：它能吃，能喝，能赴舞会，能上剧场，能旅行，能为自己获得艺术、学识、历史珍品和政治权力——它**能**为你占有这一切；它能购买这一切；它是真正的**能力**。但是，尽管货币就是这一切，货币却除了自己本身以外**不能**创造任何东西，除了自己本身以外不能购买任何东西，因为其余的一切都是它的奴仆，而当我占有了主人，我也就占有了奴仆，我也就无须再去追求主人的奴仆。因此，一切情欲和一切活动都必然湮没在**发财欲**中。劳动者只有权拥有他为了生活下去所必需的那么多，并且只有权为了拥有［这么多］而生活下去。〉

诚然，在国民经济学的基础上产生了一种争论。一个方面（罗德戴尔、马尔萨斯等）推崇**奢侈**而咒骂节约；另一个方面（萨伊、李嘉图等）则推崇节约而咒骂奢侈。但是，前者承认，它要求奢侈是为了生产出**劳动**即绝对的节约；而后者则承认，它推崇节约是为了生产出**财富**即奢侈。前者沉湎于一种浪漫主义的幻想，认为不应该仅仅由发财欲来限定富者的消费，并且当它把**浪费**直接当作是发财致富的手段时，它是跟它自己所提出的规律相矛盾的。因此，后者极其严肃而详尽地向前者证明说，我通过浪费只是减少而不是增加我的**财产**。后者虚伪地拒绝承认，正是一时的兴致和念头决定着生产；它忘记了"考究的需要”，忘记了没有消费就不会有生产；忘记了只是通过竞争，生产才必然变得日益全面、日益奢侈；它忘记了，按照它的理论，消费决定着物的价值，而时兴决定着消费；它希望仅仅生产“有用的东西”，而忘记了过多的有用的东西的生产会生产出过多的**无用的**人口。双方面都忘记了，浪费和节约，奢侈和寒酸，富有和贫穷是等同的。

同时，如果你想按照经济规律办事，并且不愿意由于幻想而毁灭，那么你不仅应当在你的直接的官能即口腹等等方面节省，而且应当在热心公益、同情、信任等等这一切方面节省。

〈你必须把你所有的一切变成**可以出卖的**，也就是说，变成有利可图的。如果我向国民经济学家提问：当我从出让自己的身体来满足别人肉欲方面取得金钱时，我是不是在遵从经济的规律（法国工厂劳动者把自己妻女的卖淫称为额外的劳动时间，的确是名副其实的），而当我把自己的朋友出卖给摩洛哥人时，我是不是在按照国民经济学的精神行事呢（而通过买卖雇佣兵等等的形式直接贩卖人口的现象，在一切文明国家里都存在着）？于是国民经济学家回答我说：你的行为并不违反我的规律；但请你看看道德伯母和宗教伯母说些什么；我的**国民经济学的**道德和宗教丝毫不反对你的行为方式，但是……——但是我应当更多地相信谁呢——是国民经济学呢还是道德？国民经济学的道德是**发财**、劳动和节约、朴素，但是国民经济学

答应满足我的需要。——道德的国民经济学是纯洁的良心、德行等等的富有；但是，如果我根本不存在，我又怎么能成为有德行的人呢？如果我什么都不知道，我又怎么会有纯洁的良心呢？——每一个领域都用不同的和相反的尺度来衡量我：道德用一种尺度，而国民经济学又用另一种尺度。这是根源于异化的本质的，因为每一个领域都是人的一种特定的异化，每一个领域〉‖XVII|都把异化了的本质活动的特殊范围固定起来，并且每一个领域都同另一种异化保持着格格不入的关系。……例如，米歇尔·舍伐利埃先生责备李嘉图撇开了道德。但是，在李嘉图那里，国民经济学是用它自己的语言说话的。如果说这种语言是不合乎道德的，那也不是李嘉图的过错。当米歇尔·舍伐利埃讲说道德的时候，他就撇开了国民经济学；而当他研究国民经济学的时候，他又实际上必然地撇开道德。因为，如果国民经济学同道德的关系不是任意的、偶然的、因而毫无根据的和不科学的，如果这种关系不是**表面的**，而是实质性的，那么这种关系就只能意味着国民经济学规律同道德的联系；而如果实际上并非如此，或者无宁说情况恰恰相反，那么难道说这是李嘉图的过错吗？何况，国民经济学和道德之间的对立本身不过是一种**假象**，它既是对立，同时又不是对立。国民经济学不过是**以自己的方式**表现着道德规律。——

〈清心寡欲，作为国民经济学的一个原则，**极其明显地**表现在它的**人口理论**中。人太**多**了。甚至人的存在都是不折不扣的奢侈，而如果劳动者是“道德的”（穆勒曾建议公开赞扬那些在性关系上表现节制的人，而公开谴责那些违背不生儿育女的婚姻这种理想的人……这难道不是禁欲主义的道德、学说吗？[58]），那么他就会在生儿育女方面实行**节约**。人的生产成为一种社会的灾难。——〉

生产对于富人所具有的意义，明显地表现在生产对穷人所具有的意义中；这对于在上者总是表现得微妙、隐秘而含糊，也就是说，是假象；而对于在下者则表现得粗野、露骨而坦率，也就是说，是本质。劳动者的**粗陋的**需要比起富人的**考究的**需要来是一个大得多的收入来源。伦敦的地下室比宫殿给主人带来更多的收入，也就是说，地下室对房产主来说是一笔**更大的财富**，因而，用国民经济学的语言来说，是一笔更大的**社会**财富。正像工业利用考究的需要来进行投机一样，工业也同样地利用粗陋的需要、而且是人为地造成的粗陋需要来进行投机。因此，对于这种粗陋的需要来说，**自我麻醉**，需要的这种**表面上的**满足，需要的粗陋野蛮性**中的**这种文明，乃是一种真正的享乐。所以，英国的酒馆是私有制的**象征性的表现**。酒馆的奢侈表明工业的奢侈以及财富跟人的真正的关系。因此，酒馆理所当然地是至少受到英国警察从宽发落的、民众的唯一的星期日的娱乐。｜XVII‖

‖XVIII| 我们已经看到，国民经济学家怎样用各种各样的方式来确定劳动和资本的统一：（1）资本是**积累起来的劳动**；（2）资本在生产中的使命——部分地是资本连同赢利的再生产，部分地是作为原料（劳动材料）的资本，部分地是作为本身**从事工作的工具**（机器——直接与劳动同一的资本）——就是**生产劳动**；（3）劳动者是资本；（4）工资属于资本的费用；（5）对劳动者来说，劳动是他的生命资本的再生产；（6）对资本家来说，劳动是他的资本的活动的一个要素。

最后，（7）国民经济学家把劳动和资本的本原的统一归结为资本家和劳动者的统一；这是一种天堂般的原始状态。这两个要素 ‖XIX| 如何作为两个人而互相对立，这对国民经济学家来说是一种**偶然的**、因而只有用外部原因才能加以说明的事情（参见穆勒）。

那些还为贵金属的感性光辉所眩惑并因而还是金属货币的拜物教徒的民族，还不是十足的货币民族。法国和英国之间的对立。——理论之谜的解决在何种程度上是实践的任务并以实践为中介，真正的实践在何种程度上是现实的和实证的理论的条件，可以，例如，从**拜物教**上看出来。拜物教徒的感性意识不同于希腊人的感性意识，因为他的感性存在还不同于希腊人的感性存在。只要人对自然界的感觉，自然界的属人的感觉，从而**人**的**自然的**感觉还未为人本身的劳动创造出来，那么，感觉和精神之间的抽象的敌对就是必然的。

平等不过是译成了法语亦即政治语言的德国公式“自我 = 自我”。平等，作为共产主义的**基础**，乃是共产主义的**政治的**根据。这同德国人把人理解为普遍的自我意识，借以为自己论证共产主义，是同一回事。不言而喻，异化的扬弃总是要以作为**统治**力量的那种异化形式为出发点：在德国是**自我意识**，在法国是平等（因为政治在这里占统治地位），在英国是现实的、物质的、仅仅以自身来衡量自身的**实际**需要。对于蒲鲁东就应该从这个角度来加以批判和承认。——如果我们甚至把共产主义本身——因为它是否定之否定——称为对人的本质的占有，这种占有是通过私有财产之否定而以自身为中介的，因而还不是**真正的**、从自己本身开始的肯定，而只是从私有财产开始的肯定，［……………………………］①。因而，尽管……②，人的生命的现实的异化仍然保持着，并且人们越是意识到它是异化，这种异化就越是成为更大的异化；所以，［这种异化的扬弃］只有通过共产主义的实际实现才能完成。有了共产主义**思想**，

---

① 手稿这一页的左下角在这里残缺了，因而这一页最后六行的原文只剩下各行右端部分，以致不能恢复全部原文，而只能猜测马克思是在这里批判黑格尔对异化的唯心主义“扬弃”（这几行保留下来的词见下注）。——编者注

② 尽管“用古老的德意志的方式——按照黑格尔现象学的方式”、“扬弃”异化，也就是说，尽管仅仅在主体的“意识”中扬弃异化。——编者注

就完全足以扬弃私有财产**思想**。而为了消灭现实的私有财产，则必须有**现实的**共产主义的行动。历史会带来这种共产主义的行动，而我们**在思想中**已经认识到的那个正在进行自我扬弃的运动，则实际上将经历一个极其艰巨而漫长的过程。但是，我们必须把我们从一开始就意识到这一历史运动的局限性和目的并且在自己的意识中超越了它们这一事实，看作是一个真正的进步。——

当共产主义的手工业者联合起来的时候，教导、宣传等等首先就成了他们的目的。但是同时，他们因此也产生一种新的需要，对交往的需要，而作为手段出现的东西则成了目的。从法国社会主义劳动者的聚会就可以看出，这一实践运动取得了何等光辉的成果。吸烟、饮酒、吃饭等等在那里已经不再是人们实行结合的手段，也不再是进行联络的手段。交往、聚会，以及仍然以交往为目的的叙谈，对他们说来已经足够了；人与人之间的兄弟情谊在他们那里不是空话，而是真情，并且从他们那由于劳动而变得粗犷的容貌上向我们放射出人的高贵精神的光辉。

‖**XX**|〈当国民经济学断言需求和供给总是相抵的时候，他当即忘记了，按照它自己的主张，**人**的供给（人口论）总是超过对人的需求；因而，供求之间的比例失调在整个生产的本质成果——人的生存——上面得到最明确的表现。

作为手段而出现的货币在何种程度上是真正的**力量**和唯一的**目的**，**那个**使我成为本质并且使我占有别人的对象性的本质的**手段**在何种程度上是**目的本身**，这可以从下述情况看出来：地产（在土地是生活的泉源的地方）以及**马**和**剑**（在它们是**真正的生活资料**的地方）还被承认为真正的政治的生命力。在中世纪，一个等级只要一获得佩**剑**的权利，就成为自由的了。在游牧民那里，有**马**使人成为自由的，也就是说，使他有可能成为共同体的一分子。

我们在上文中说过，人在退回到**穴居生活**，但是是在一种异化的、敌对的形式下退回到穴居生活的。野人在自己的洞穴——这个公正无偏地给他们提供安乐和保护的自然要素——中并不更感到陌生，或者无宁说像**鱼**在水中一样感到自如。但是，贫民的地下住所却是与他相敌对的、"只有当他献出自己的血汗才让他居住的、具有异己力量的住所"；他无权把它看成是自己的故居（在那里他最后能够说：这里就是我的家）；相反地，他是住在一个每天都在暗中监视着他并且只要他不交房租就立即将他抛向街头的**别人**的家里、**陌生人的**家里。他也同样地知道，就质量来说，他的住所是跟住在财富的天国中的**彼岸的**人的住所恰成对比的。

异化既表现为**我的**生活资料属于**别人**，**我的**希望的对象是我所不可染指的、**别人的**所有物；也表现为每个事物本身都是不同于它本身的**另一个东西**，我的活动是**另一个东西**，而最后，——这也适用于资本家，——则表现为一种**非人的**力量统治着一切。

一方面，享受那种仅仅用于享乐的、非生产的和浪费的财富的人，只是**过着醉生梦死的**、荒唐放荡的**生活**，并且把别人的奴隶劳动、人的**血汗**看作自己的情欲的卤获物，而因此把人本身——从而也把自己本身——看作毫无价值的牺牲品（在这里，对人的蔑视，既表现为对那足以维持成百人生活的东西的挥霍，也表现为这样一种卑鄙的幻想，即仿佛他的不知节制的挥霍和放纵无度的非生产性消费决定着别人的**劳动**，从而也决定着别人的生存）；这种财富的这种用途使人的**本质力量**的实现，只是被看作放荡的愿望、古怪的癖好和离奇的念头的实现。但是，另一方面，财富又被仅仅看作手段，仅仅看作应当加以消灭的东西。因此，享受这种财富的人既是自己的财富的奴隶，同时又是它的主人；既是慷慨大方的，同时又是卑鄙的、乖戾的、骄傲的、自负的、文雅的、有教养的和机智的。他还没有体验到**财富**是一种凌驾于自己之上的完全**异己的力量**。他无宁把财富仅仅看作自己本身的力量，并且［不是］财富，而是**享乐**，［在他看来才是］最后的、终极的目的［……………………………］①。

① 手稿这一页的下部残缺了；原文缺三行或四行。——编者注

跟这种…… ‖ XXI | 为感性的假象所眩惑的关于财富本质的美妙幻想相对立的，是**辛勤的**、**精明的**、**求实的**、**节俭的**、看清了财富本质的工业家，而如果说他为挥霍者的贪得无厌的享乐创造着越来越大的机会，并且用自己的各种产品向挥霍者讨好献媚，——他的一切产品都是对挥霍者的欲望的奴颜婢膝的奉承，——那么，他同时也善于以唯一**有利的**方式把那从挥霍者身边消逝的力量据为己有。因此，如果说工业财富在开始时表现为浪费的、幻想的财富的结果，那么后来工业财富本身的运动就同样以能动的方式通过它本身的运动排除了浪费的、幻想的财富。**货币利息**的降低是工业发展的必然后果和结果。因此，同享乐的手段和诱惑力的增加成**反**比，奢侈浪费的食利者的资金日益减少。所以，他必然或者吃光自己的资本，从而走向破产，或者自己成为工业资本家。……另一方面，**地租**固然直接由于工业的发展而不断地提高，但是，正如我们已经看到的，总有一天地产也必然和其他一切财产一样，归入再生产着自身并带来利润的资本这一范畴，而这也是那同一个工业发展的结果。因而，奢侈浪费的土地所有者也必然或者吃光自己的资本，从而走向破产，或者自己成为自己土地的租佃者，即变成农业企业家。因此，货币利息的降低，——蒲鲁东把这看成是资本的扬弃和资本社会化的倾向，——无宁说直接地就是勤劳的资本对浪费的财富的彻底胜利的征兆，亦即一切私有财产向工业

资本的转化。这是私有财产对它的**表面上**还合乎人的本性的一切性质的彻底胜利和私有者对私有财产的本质——**劳动**——的完全屈服。当然，工业资本家也享乐。他决不退回到违反自然的清心寡欲去。但是他的享乐仅仅是次要的事情，是服从于生产的休息；同时，享乐是**精打细算的**，从而它本身也是一种**经济的**享乐，因为资本家把自己的享乐也算作资本的费用。因此，他为自己的享乐所花费的金钱只能保持在这样一个限度之内，即这笔花费能够通过资本的再生产而有利可图地得到补偿。所以，享乐服从于资本，享乐的个人服从于将本图利的个人，虽然以前的情况是恰恰相反的。因此，利息的降低只是在下述意义上才是资本的扬弃的征兆，即这种降低是资本正在完成的统治的征兆，是正在完成因而也正在趋于自己的扬弃的异化的征兆。一般说来这就是现存的东西确证自己的对立面的唯一方式。——〉因此，国民经济学家关于奢侈和节约的争论，不过是已弄清了财富本质的国民经济学同那还沉湎于浪漫主义的反工业的回忆的国民经济学之间的争论。但是双方都不善于把争论的问题用简单的词句表达出来，因而双方还在相持不下。——| XXI ‖

‖ XXXIV | 其次，地租作为地租已经被推翻了，因为现代的国民经济学——与断言土地所有者是唯一真正的生产者的重农学派相反——证明土地所有者本身无宁是唯一完全不事生产的食利者。[按照现代的国民经济学的看法，]农业是资本家的

事情；资本家只要能够指望从农业得到通常的赢利，他就会把自己的资本用到这方面去。因此，重农学派的这样一个论点，即土地所有者，作为唯一从事生产的所有者，应该独自支付国税，从而也只有他们才有权表决国税并参与国家大事，——就转化为相反的论断，即地租税是对非生产性收入的唯一课税，因而也是无损于国民生产的唯一课税。显然，在对事物做这样理解的情况下，土地所有者的政治特权也不再来源于他们是主要纳税人这一事实了。——

凡是被蒲鲁东看作劳动反对资本的运动的东西，都不过是劳动在资本这一范畴内的运动，也就是说，不过是**工业资本**反对那种不是**作为**资本来消费，亦即不是以工业的方式来消费的资本的运动。而且，这一运动正在走着胜利的道路，亦即走着**工业**资本胜利的道路。——因此，我们知道，只有把**劳动**看作私有财产的本质，才能够同时弄清楚经济运动本身的真正性质。——

国民经济学家眼中的**社会**是**市民社会**，在这里任何个人都是各种需要的一个总体，‖XXXV| 并且只是就人人互为手段这一点而言，一个人才为别人存在着，而别人也为他存在着。正像政治家议论**人权**时所做的那样，国民经济学家也把一切都归结为人即个人，他们抹煞个人的一切特性，以便把他仅仅看成是资本家或劳动者。**分工**是异化范围内的**劳动社会性**的国民

经济学的表达。换言之，由于**劳动**不过是外化范围内人的活动的表现，不过是作为生命外化的生命表现，所以**分工**也不过是人的活动——作为**现实的类的活动**，亦即作为**人这个类的存在物的活动**——的**异化了的、外化了的**状态。

关于**分工——劳动**一旦被承认为**私有财产的本质**，分工就自然而然地不能不被看成是财富生产的主要动力之一——**的本质**，亦即关于**作为类的活动、人的活动**的这种**异化了的和外化了的形式**，国民经济学家们的看法是极不明确和自相矛盾的。

亚当·斯密："**分工**的产生不能归功于人的智慧。它是物物交换和互通有无这种倾向的缓慢而逐步发展的必然结果。这种互通有无的倾向或许是运用理性和语言的必然结果。它是一切人所共有的，在动物那里是根本看不到的。动物一旦成长，就靠自力生活。人则经常需要别人的帮助，但他想要单靠别人的好意得到这种帮助，那是徒劳的。诉诸他们的切身利益，并且要他们相信，是他们自己的利益要求他们做他所希望他们做的事情，这要更加可靠得多。在同其他人打交道的时候，我们不是诉诸他们的**人性**，而是诉诸他们的**利己主义**。我们决不向他们述说**我们的需要**，而总是述说**他们的利益**。——这样一来，我们既然靠交换、贸易、买卖获得我们相互必要的服务的大部分，所以正是这种**互通有无**的倾向产生了**分工**。例如，在某一个狩猎部族或游牧部族那里，有一个人能够比其他人更迅速、更精

巧地制造弓和弓弦。他常常用自己的这些劳动产品去和自己同部族的人交换家畜和野味。他很快地发觉，他用这种方法可以比他亲自去狩猎更容易得到这些东西。因此，出于利害打算，他就把制造弓等等当作自己的主要职业。个人**天赋**的差别与其说是分工的原因，无宁说是分工的**结果**……人如果不是有物物交换和互通有无的倾向，那么每个人就会不得不亲自生产他所需的一切生活用品和生活设备。一切人都将不得不做**同样的日常工作**，而能够造成才能的重大差别的唯一原因、即**职业**的巨大**差别**也将不复存在。正像这种进行交换的倾向造成人们才能的差别一样，这同一个倾向也使这种差别成为有益的。许多动物品种，尽管它们属于同一个种，却天生地具有不同的特性和不同的素质，其差别较之在未开化人那里所能看到的差别要更为显著。就天赋的才能和智慧来说，哲学家和搬运夫之间的差别尚不及看家犬和灵缇[①]之间，灵缇和捕鹑猎犬之间，捕鹑猎犬和牧羊犬之间的差别的一半。虽然如此，这些不同品种的动物，尽管属于同一个种，却几乎彼此毫无补益。看家犬虽然力量强大，‖XXXVI| 却不能从灵缇的快速和敏捷得到任何益处。由于缺乏进行贸易和交换的能力或倾向，这些不同的天赋和不同程度的智力的活动结果不能汇集在一起，并且丝毫不能促进**整**

① 德文为Windhund，是一种头部狭长、四肢细长、善于追捕野兽的奔跑快速的猎犬。——译者注

个种的**福利**或**公益**。每个动物必须独力养活和保卫自己；它从自然界赋与同一个种的其他动物的那些能力的差别中得不到丝毫益处。相反地，人的各种极不相同的才能则能交相为用，因为依靠物物交换和互通有无这种普通倾向，他们的不同工种的**不同产品**汇集为一个所谓总体，每个人都可以按照自己的需要从这里购买别人的劳动产品的一部分。——既然**物物交换**的倾向是**分工**的根源，所以这种**分工的发展**总是受**交换能力的大小**，换言之，受**市场规模的大小**的限制。如果市场非常狭小，那么任何人都不会想到完全献身于某一种职业，因为他没有机会用超过他本身消费的自己劳动产品的剩余，去交换他所想要的别人劳动产品的同样的剩余……”。在文明状态下，“每个人都靠交换来生活，成为一种**商人**，而**社会本身**则实际上是一种**商业**社会”（参阅德斯杜特·德·特拉西：“社会是一系列的相互交换；**商业**就是社会的整个本质”[59]）。“……资本的积累随着分工的发展而增长，反之亦然。”——

亚当·斯密是这样说的。[60]

“如果每个家庭都生产它自己所需的全部消费品，那么社会在没有任何交换的情况下也可以继续存在了。——虽然交换**不**是社会的**基础**，但在我们的社会的文明状态下没有它是不行的。——分工是人的力量的巧妙的运用；分工可以增多社会产品，增进社会的威力和社会的享受，但是它却使单个人的能力退化。——没有交换就不可能有生产。”

让·巴·萨伊是这样说的[61]。

“人所固有的力量，就是他的智力和他从事劳动的体质。而来源于社会状态的力量，则在于**把劳动加以划分**和**把不同工作在各种人之间加以分配**的能力，在于交换**相互服务**和交换构成生活资料的各种产品的**能力**。——促使一个人向别人提供服务的动机是利己心，因为他要求对他提供给别人的服务给以酬报。——排他的私有权是人们之间进行交换的必要条件。”“交换和分工是相互制约的。”

斯卡尔倍克是这样说的[62]。

穆勒把发达的交换即**商业**说成是**分工的结果**：

“人的活动可以归结为极简单的要素。实际上，人只能做一件事：进行移动；他能移动物品，使它们相互‖XXXVII|分离或相互接近；其余的事情则由物质的特性来担任。人们在使用劳力和机器时常常发现，通过作业的巧妙配置，亦即通过把彼此妨碍的作业分离开来和把能够以某种方式相辅相成的作业结合起来，就可以提高效果。一般地说，人们不能以同样的敏速和灵巧来进行许多种不同的作业，这种敏速和灵巧是人们在从事少数作业时由于习惯而养成的。因此，尽可能地限制委托给各个人的作业的数目总是有利的。——为了实行最有利的分工以及人力和机器的最有利的配置，在大多数情况下，必须有

《晚年时的马克思画像》（版画） 李 庚 作

大规模的作业，换言之，必须有财富的大量生产。这种好处是促使大制造业产生的原因。有少数在有利条件下创立起来的这样的制造业，往往不仅仅向一个国家，而且向几个国家，按照所要求的数量，供应它们所生产出来的产品。”

穆勒是这样说的[63]。

但是，所有现代的国民经济学家都一致认为，分工同生产的丰富，分工同资本的积累是相互制约的，而只有**自由**放任的私有财产才能创造出最有利的和无所不包的分工。

可以把**亚当·斯密**的论述归纳如下：

分工可以无限地提高劳动的生产能力。它根源于人所特有的从事**物物交换**和**互通有无的倾向**，这种倾向大概不是偶然出现的，而是运用理性和语言的结果。进行交换的人们的动机不是**人性**，而是**利己主义**。人的才能的差别与其说是分工即交换的原因，无宁说是其结果。只有交换才使这种差别成为有益的。属于同一个种的不同动物品种的特性，其天生的差别比人的秉赋和活动的差别更为显著。但是因为动物不能从事**交换**，所以同种而不同品种的动物所具有的不同特性，不能给任何一个动物个体带来任何益处。动物不能把自己的种的不同特性汇集起来；它们不能为自己的种的**公**利和**公**益做出任何贡献。**人**则不同。在人那里，各种各样的才能和活动方式可以相互补益，**因为**人能够把**各种不同的**产品汇集为一个总体，每个人都可以从那里购买他所需要的东西。由于分工产生于进行**交换**的倾向，所以分工依**交换**、**市场的规模大小**而发展或受到限制。在文明的状态下，每个人都是**商人**，而社会则是**商业**社会。

萨伊把**交换**看作是偶然的、非基本的东西。社会没有交换也可以存在。在社会的文明状态下，交换才成为必要的。虽然如此，**没有交换**却不可能有**生产**。分工对于创造社会财富来说是一个**方便的**、**有用**的手段，是人力的巧妙运用，但是它却使**每个单个人的能力**退化。最后这个论点是萨伊向前迈进的一步。

斯卡尔倍克把**个人的**、**人所固有的**力量，即智力和从事劳动的体质，同**来源于**社会的力量、亦即相互制约的**交换**和**分工**，区别开来。[在**斯卡尔倍克**看来，]**私有财产**是交换的必要前提。在这里，斯卡尔倍克客观上表述了斯密、萨伊、李嘉图等人所说过的东西，因为斯密等人曾指出**利己主义**、**私人利益**是交换的基础，并曾把**买卖**称为交换的**本质的**和**适当的**形式。

穆勒把商业说成是**分工**的结果。按照他的意见，人的活动不过是**机械的运动**。分工和采用机器可以促进生产的丰富。委托给每个人的作业范围应当尽可能小。分工和采用机器也决定着财富的大规模生产即生产的集中。这是大制造业产生的原因。

‖XXXVIII|考察**分工**和**交换**是很有意思的，因为分工和交换是作为**类的**活动的人的**活动**和作为**类的**本质力量的人的**本质力量**的**显然外化了的**表现。

说**分工**和**交换**以**私有财产**为基础，这就等于说**劳动**是私有财产的本质，——后一种说法是国民经济学家所不能证明的，而是我们准备替他们加以证明的。说**分工**和**交换**是私有财产的形式这一点恰恰包含着双重的证明：一方面证明**人的**生活为了本身的实现而曾经需要**私有财产**，另一方面也证明人的生活现在需要废除私有财产。

分工和**交换**是这样的两个**现象**，国民经济学家在考察它们时夸耀自己的科学的社会性，**同时**也无意中透露了他们的科学所包含的一个矛盾，即借助于非社会的私人利益来论证社会。

我们应当考察下述各个要素：

第一，**进行交换的倾向**（国民经济学家认为利己主义是它的基础），被看作是分工的原因或相互作用的因素。萨伊认为交换对于社会的本质来说不是什么**基本的东西**。财富、生产被用分工和交换来加以说明。分工被认为引起个人活动的贫乏化和退化。交换和分工被认为是产生**人的才能**的巨大**差别**的原因，而这种差别又因为交换而成为**有益的**。斯卡尔倍克把人的进行生产的或有生产力的本质力量分为两部分：（1）个人的、人所固有的力量，即他的智力和从事劳动的特殊素质或能力；（2）**来源于**社会而非来源于现实的个人的力量，即分工和交换。——此外：分工受**市场**的限制。——人的劳动是简单的**机械的运动**；最主要的事情由对象的物质特性来承担。——分配给每一个人

的作业应当尽可能地少。——劳动的划分和资本的集中，个人生产的缺乏效果和财富的大规模生产。——自由的私有财产对于分工的意义[①]。| XXXVIII ‖

[货　币]

‖ XLI | 如果人的**感觉**、情欲等等不仅是［狭］义的人类学的规定，而且是对本质（自然界）的真正**本体论的**肯定；如果感觉、情欲等等仅仅通过它们的**对象**对它们说来是**感性地**存在着这一事实而现实地肯定自己，那么，不言而喻的是：（1）它们的肯定的方式决不是同样的，相反地，不同的肯定方式构成它们的存在、它们的生命的特点；对象以怎样的方式对它们存在着，这构成它们的**享受**的独特方式；（2）只要感性的肯定是对采取独立形态的对象的直接扬弃（如吃，喝，加工对象，等等），那么这同时也是对对象的肯定；（3）只要人是**合乎人的本性的**，因而他的感觉等等也是**合乎人的本性的**，那么其他人对某一对象的肯定，同时也是他自己本身的享受；（4）只有借助于发达

① 第三手稿中为补充第二手稿的第XXXIX页而写的那个部分，在这里，即在第XXXVIII页左半页上中断了。在第三手稿中，接着的是第XXXVIII页的空白的右半页，再后就是《序言》（在第XXXIX—XL页上）和关于货币的断片（在第XLI—XLIII页上）。——编者注

的工业，亦即借助于私有财产，人的情欲的本体论的本质才能充分完满地、合乎人的本性地得到实现；所以，关于人的科学本身是人在实践上的自我实现的产物；（5）如果私有财产从它的异化状态解脱出来，那么私有财产的意义就是**本质的对象**——既作为享受的对象，又作为活动的对象——对人说来的**存在**。

货币，由于具有购买一切东西、占有一切对象的**特性**，因而是最出类拔萃的**对象**。货币的这种**特性**的普遍性是它的本质的万能；因此它有万能者的盛誉。……货币是需要和对象之间、人的生活和生活资料之间的**皮条匠**。但是在我和**我的**生活之间充当媒介的**那个东西**，也在**我**和对我而言的**其他人**的存在之间**充当媒介**。对我说来**其他**人就是这个意思。

“呸，贱胚！手和脚，
脑袋和屁股当然都是你的！
但是，不论什么，一旦归我享用，
难道不就等于是我的东西？
只要我出钱买了六匹马，
它们的力量岂不就得供我使役？
我仿佛有了二十四只脚，
耀武扬威地四处奔跑。”

歌德：《浮士德》（靡非斯特非勒斯）[64]

莎士比亚在《**雅典的泰门**》中说：

“金子？贵重的、闪光的、黄澄澄的金子？

不，是神哟！

我不是徒然地向它祈祷。

它足以使黑的变成白的，丑的变成美的；

邪恶变成良善，衰老变成年少，

怯懦变成英勇，卑贱变成崇高。

它……能把祭司诱离神坛，

从将要康复的病人头下撤去枕头。

这金光闪闪的奴才可以束紧和松解神圣的纽带；

给该诅咒的东西祝福；

使癞病变得可爱，使偷窃变成光彩，

让盗贼高踞元老院，

声势烜赫，受人跪拜。

它给人老珠黄的寡妇领来求婚者；

使那创口流着毒脓、被人厌恶地赶出病院的女人，

恢复五月香花一般的青春。

万恶的金钱，你这人尽可夫的娼妓，

你这在各国人民之间挑起纷争的祸根。”

并且接下去说：

“你这巧言令色的弑君者，

你这离间亲生父子的贵人！

你这污染纯洁婚床的珠光宝气的亵渎者！
你这英勇的战争之神！
你这永远年轻的娇嫩的情郎，
你的灿烂的光辉可以消溶狄安娜
膝上神圣的冰霜！
你这**可以看得见的**神明，
能使**冰炭难容的人**亲密起来，
强使他们彼此亲吻！
你可以‖XLII|为了不同的目的，
讲各种不同的语言！
啊，你这心灵的试金石！
请你想一想，你的奴隶——人，
会忽然起来造反！
快用你的法力把他们统统**消灭**，
好让野兽来统治这个世界！”[65]

莎士比亚把**货币**的本质描绘得十分出色。为了理解他，我们首先从解释歌德的那几行诗句开始。

由于**货币**而为我存在的东西，我所能偿付的东西，亦即货币所能购买的东西，就是**我**这个货币持有者本身。货币的力量有多大，我的力量就有多大。货币的特性就是我这个货币持有者的特性和本质力量。因此，我**是**什么和我**能够**做什么，这决不是由我的个性来决定的。我是丑的，但是我能为自己买到**最美丽的**女人。所以，我并不**丑**，因为丑的作用，它的使人见而生厌的力量，被货币化为乌有了。我——就我作为一个个人的性质而言——是个**跛子**，可是货币给我弄到二十四只脚；所以，我并不是跛子。我是一个邪恶的、不诚实的、没有良心的、没有头脑的人，可是货币是受尊敬的，所以，它的持有者也受尊敬。货币是最高的善，所以，它的持有者也是善的。此外，货币还使我不必为成为一个不诚实者伤脑筋，所以我事先就被认定是诚实的。我是**没有头脑的**，可是货币是万物的**实际的头脑**，它的持有者又怎么会没有头脑呢？而且，他还可以给自己买到头脑聪明的人，而有权支配头脑聪明的人的，岂不比他们更聪明吗？既然我能够凭借货币得到人的心灵所渴望的**一切东西**，我岂不具有人的一切能力吗？总之，我的货币岂不是把我的一切无能变成它的反面吗？

如果**货币**是把我同**人的**生活、同社会、同自然界和人们联结起来的纽带，那么货币岂不是一切**纽带**的纽带吗？它岂不是能够束紧和松解任何纽带吗？它因此岂不也是**挑拨离间的**普遍**手段**吗？它既是不折不扣的［使人分离的］**“辅币”**（Scheidemünze）①，同时又是地地道道的**撮合山**；它是社会的［普遍的②］**化合**力。

---

① 这里是一种文字游戏："Scheiden"是"分开"、"拆散"之意，"Münze"是"货币"之意；而"Scheidemünze"则是"辅币"之意。——译者注

② 这一页原稿在这里残破了。——编者注

莎士比亚特别强调了货币的两个特性：

（1）它是看得见的神，它把一切人的和自然的特性变成它们的对立物，把事物加以普遍的混淆和颠倒；它能使各种冰炭难容的人亲密起来。

（2）它是人尽可夫的娼妓，是人们和各民族的普遍的撮合人。

把一切人的和自然的性质加以颠倒和混淆，使各种冰炭难容的人亲密起来——货币的这种**神**力就包含在它的**本质**中，即包含在人的异化了的、外化了的和出让了的**类的本质**中。它是**人类**的外化了的**能力**。

凡是我作为**人**所不能做到的，亦即我个人的一切本质力量所不能做到的，我借助于**货币**都能做到。因此，货币把这些本质力量中的每一种本质力量都变成它本来所不是的那个东西，亦即变成它的**对立物**。

当我想要一种食物的时候，或者当我身体不佳，不能步行，想坐邮车的时候，货币就给我弄到食物和邮车，这就是说，它把我的愿望从存在于观念中的东西，从它们的被想象、被表象、被想望的存在，转化成它们的**感性的、现实的**存在，从观念转化成生活，从想象的存在转化成实在的存在。作为这样的媒介，货币是**真正的创造**力。

当然，没有货币的人也有**需求**，但他的需求只是一种存在

于观念中的东西，对于我、另一个人、第三者 ‖XLIII| 都不发生任何作用的、不实在的东西，因而对于我依然是**非现实的、空洞的**东西。以货币为基础的有效的需求和以我的需要、情欲、愿望等等为基础的无效的需求之间的差别，是**存在**和**思维**之间的差别，是只**存在**于我心里的观念和那作为**现实的对象**在我之外为我而存在的观念之间的差别。

如果我没有供旅行用的货币，那么我也就没有对旅行的**需要**，也就是说，没有现实的和可以实现的旅行的需要。如果我有进行研究的本领，而没有进行研究的货币，那我也就没有进行研究的本领，即没有进行研究的**有效的**、**真正的**本领。相反地，如果我实际上根本**没**有进行科学研究的本领，可是我有愿望**和**货币，那么我也就有进行研究的**有效的**本领。**货币**——作为外在的、并非来源于作为人的人和作为社会的人类社会的、能够把**观念**变成现实而把现实变成纯**观念**的普遍**手段**和**能力**——一方面把**人和自然界的现实的本质力量**变成纯抽象的观念，并因而变成不完善的东西和使人痛苦的妄想；另一方面，同样地也把**现实的不完善的东西和妄想**，把个人的实际上无力的、只存在于个人想象中的本质力量，变成**现实的本质力量**和**能力**。因此，按照这个特征说来，货币乃是对**个性**的普遍颠倒：它把个性变成它们的对立物，赋予个性以与它的［现实］特性相矛盾的特性。

其次，对于个人和对于那些以［独立］**本质**自居的、社会的和其他的纽带说来，货币也是作为这种**颠倒黑白的**力量而出现的。它把坚贞变成背叛，把爱变成恨，把恨变成爱，把德行变成邪恶，把邪恶变成德行，把奴隶变成主人，把主人变成奴隶，把愚蠢变成明智，把明智变成愚蠢。

既然货币作为存在着的和活动着的价值概念把一切事物加以混淆和替换，所以它是一切事物的普遍的**混淆**和**替换**，从而是颠倒了的世界，是一切自然的性质和人的性质的混淆和替换。

谁能买到勇气，谁就是勇士，即使他是胆小鬼。既然货币所交换的不是特定的性质，不是特定的事物，也不是人的特定的本质力量，而是整个属人的、自然的对象世界，所以，从货币持有者的观点看来，货币能把任何特性和任何对象同任何其他的特性或对象相交换，即使它们是彼此矛盾的。货币能使各种冰炭难容的人亲密起来，迫使势不两立的人互相亲吻。

我们现在假定**人**就是**人**，而人跟世界的关系是一种合乎人的本性的关系：那么，你就只能用爱来交换爱，只能用信任来交换信任，等等。如果你想得到艺术的享受，你本身就必须是一个有艺术修养的人。如果你想感化别人，你本身就必须是一个能实际上鼓舞和推动别人前进的人。你跟人和自然界的一切关系，都必须是同你的意志的对象相符合的、你的**现实的个人**生活的**明确表现**。如果你的爱没有引起对方的反应，也就是说，如果你的爱作为爱没有引起对方对你的爱，如果你作为爱者用

自己的**生命表现**没有使自己成为**被爱者**，那么你的爱就是无力的，而这种爱就是不幸。| XLIII ‖

[对黑格尔辩证法和一般哲学的批判]

‖ XI |（6）在这里[66]略微谈一谈整个黑格尔辩证法，特别是《现象学》和《逻辑学》中对它的论述，最后，再略微谈一谈最近的批判运动同黑格尔的关系，以便阐明和论证［这里所发挥的思想的］正确性，也许是适当的。

现代德国的批判如此醉心于旧世界的内容，它的发展如此受到它所批判的材料的束缚，以致对批判本身的方法采取完全无批判的态度，并且对于我们如何对待黑格尔**辩证法**这一**表面上看来是形式的**，而实际上是**本质的**问题完全缺乏认识。对于现代的批判同整个黑格尔哲学、特别是同辩证法的关系问题是如此缺乏认识，以致像**施特劳斯**和**布鲁诺·鲍威尔**这样的批判家——前者是完完全全地，后者在自己的《对观福音作者》[67]（他在这里，与施特劳斯相反，用抽象的人的"自我意识"代替了"抽象的自然界"的实体）中，甚至在《基督教真相》[68]中，至少是潜在地、完全地——仍然处于黑格尔逻辑学的束缚之下。例如，《基督教真相》一书中说：

“自我意识在创立世界、创立差别的同时，也在它所创造的东西里面创造自己本身，因为它重新扬弃了它的创造物同它自身的差别，并且只是在创造活动中和运动中才是自己本身，——仿佛这个自我意识在这个运动中没有自己的目的似的”，等等。或者说：“他们”（法国唯物主义者）“还未能看到，宇宙的运动只有作为自我意识的运动，才能实际成为自为的运动，并且在自我意识的运动中达到与自己本身的统一”。

这些说法甚至在用词方面都和黑格尔的观点毫无区别，并且无宁说是在逐字逐句重述黑格尔的观点。

‖ **XII** | 鲍威尔在他的《自由的正义事业》[69]一书中对格鲁培先生提出的“那么，逻辑学怎样呢？”这一唐突的问题避而不答，而让他去问未来的批判家[70]。这表明，[鲍威尔]在进行批判活动（鲍威尔：《对观福音作者》）时对于同黑格尔辩证法的关系是如何缺乏认识，并且在物质的批判活动之后这种情况仍然如何很少改变。

但是现在，甚至当**费尔巴哈**在他收入《轶文集》的《纲要》中，以及，更详细地，在《未来哲学》中从根本上推翻了旧的辩证法和哲学之后；甚至当未能完成这一事业的上述批判反而认为这一事业已经完成，并且自封为纯粹的、彻底的、绝对的、洞察一切的批判之后；甚至当批判以唯灵论的狂妄自大态度把整个历史运动归结为其余的世界（它把这个世界与它自身对立起来而归入“群众”这一范畴）同它自身的关系，并且把一切独断的对立消融于它自己本身的明智和世界的愚蠢之间、批判的基督和作为“**群氓**”的人类之间的**一个**独断的对立之后；甚至当批判每日每时地以群众的愚钝来证明它自身的超群出众之后；甚至当批判在报刊上宣布它既对人的感觉、又对它在庄严肃穆的孤独中君临于其上的世界具有优越性，并且只是不时地对它们发出奥林帕斯诸神的冷嘲热讽的笑声之后；最后，甚至当批判宣告了批判的**末日审判**，宣称这样一天——那时整个行将毁灭的人类将集合在批判之前，由批判加以分类，而每一类人都将得到一份 testimonium paupertatis［贫困证明书］——即将来临之后，——以批判的形式趋于消逝的唯心主义（青年黑格尔主义）在做出这一切滑稽可笑的造作之态之后，这个唯心主义仍然压根儿没有暗示现在已经到了同自己的母亲即黑格尔辩证法批判地划清界限的时候，甚至也丝毫未能表明它要对费尔巴哈的辩证法采取批判态度。这是一种对自己本身的完全无批判的态度。

费尔巴哈是唯一对黑格尔辩证法采取**严肃的**、**批判的**态度的人；只有他在这个领域内做出了真正的发现，并且一般说来是旧哲学的真正克服者。费尔巴哈的伟大成就以及他为世界做出这种成就时所表现出的那种不事招摇的纯朴，与［在批判那里所看到的］相反情况恰成奇妙的对照。

费尔巴哈的伟大功绩在于：

（1）证明了哲学不过是用思想表达出来的并且得到合理的论述的宗教，不过是人的本质的异化的另一种形式和存在方式；从而，哲学也是应当受到谴责的；

（2）为**真正的唯物主义**和**现实的科学**奠定了基础，因为费尔巴哈把“人与人之间的”社会关系也当作理论的基本原则；

（3）他把立于自身之上并且实证地以自身为基础的肯定，同自称是绝对的肯定的那个否定之否定对立起来。

费尔巴哈如下地解释了黑格尔辩证法（从而论证了从肯定的东西，从具有感性确实性的东西出发［的必要性］）：

黑格尔是从实体的异化（在逻辑上：从无限者、抽象的普遍者），从绝对的和静止的抽象物出发的，说得更通俗些，他是从宗教和神学出发的。

第二，他扬弃了无限的东西，创立了现实的、感性的、实在的、有限的、特殊的东西（哲学，即宗教和神学的扬弃）。

第三，他重新扬弃了肯定的东西，恢复了抽象物、无限者。宗教和神学的恢复。

由此可见，费尔巴哈把否定之否定**仅仅**看作是哲学同自身的矛盾，看作是在否定神学之后又肯定神学（超验性等等）的哲学，亦即看作是与自身相矛盾地肯定神学的哲学。

费尔巴哈把否定之否定所包含的肯定，亦即自我肯定和自

我确证，看作是对自身还缺乏自信的、因而在自身中还包含着自己的对立物的、怀疑自身的、因而需要证明的，亦即还没有用自己的存在证明自己本身的、还没有被承认的 ‖XIII| 肯定；因此，具有感性确实性的、以自身为基础的肯定是跟这种肯定直接地、正面地对立着的[①]。

然而由于黑格尔从否定之否定所包含着的肯定方面把否定之否定看成是真正和唯一肯定的东西，而从它所包含着的否定方面把它看成是一切存在的唯一真正的活动和自我实现的活动，所以他只是为历史——它还不是作为现成的主体的人的**现实的**历史，而只是人**产生的活动**、发生的历史——的运动找到了**抽象的**、**逻辑的**、**思辨的**表达。——我们不仅要说明这一运动在黑格尔那里所采取的抽象形式，而且要说明这一运动在黑格尔那里所具有的与现代的批判截然相反的、与费尔巴哈在《基督教的本质》一书中所描述的同一过程截然相反的特征；或者更正确些说，我们要弄清楚这个在黑格尔那里还是无批判的运动的**批判的**形式。——现在让我们来看一看黑格尔的体系。必须从黑格尔的《**现象学**》这个黑格尔哲学的真正诞生地和秘密开始。

现象学。

---

① 马克思在手稿的空白处没有指明所要说明的地点，写了如下一个附注："费尔巴哈还把否定之否定、具体概念看作是在思维中超越自身的和作为思维而想直接成为直观、自然界、现实的思维。"[71]——编者注

A **自我意识**。

I **意识**。α）感性确实性，或“这个”和［我］**认为**。β）**知觉**，或具有特性的事物和**幻觉**。γ）力和知性，现象和超感性世界。

II **自我意识**。自身确实性的真理。a）自我意识的独立性和非独立性，主人和奴隶。b）自我意识的自由。斯多葛主义，怀疑主义，不幸的意识。

III **理性**。理性的确实性和真理。a）观察的理性；对自然界和自我意识的观察。b）理性的自我意识通过自身的实现。快乐和必然性。心的规律和自大狂。德行和世道。c）自身实在的个体性。精神的动物界和欺骗，或事情本身。立法的理性。审核法律的理性。

B **精神**。

I **真的**精神；伦理。II 自我异化了的精神，教养。III 确信自身的精神，道德性。

C 宗教。**自然**宗教，**艺术**宗教，**启示**宗教。

D **绝对知识**。

由于黑格尔的《**哲学全书**》从逻辑学，从**纯粹的思辨的思想**开始，而以**绝对知识**，以自我意识的、自我理解的、哲学的或绝对的、亦即超人的抽象精神结束，所以整整一部《哲学全书》不过是哲学精神的**展开了的本质**，是哲学精神的自我对象化；而哲学精神不过是在自己的自我异化内部理性地亦即抽象地来理解自身的、异化了的世界精神。**逻辑学**是精神的**货币**，是人和自然界的思辨的**思想价值**——是人和自然界的跟一切现实的规定性毫不相干的、因而是非现实的本质——是**外化了的**并因而是撇开了自然界和现实的人的**思维**：**抽象**思维。——**这种抽象思维的外在态**就是**自然界**，就像自然界在这种抽象思维看来所是的那样。自然界对抽象思维说来是外在的，它是抽象思维的自我丧失；而这个抽象思维也外在地把握自然界，把它理解为抽象的思想，理解为外化了的抽象思维。——最后，**精神**，这个回到自己的诞生地的思维，在它还没有终于发现它自己就是**绝对**知识并因而就是绝对的亦即抽象的精神——它在这里只是同自己本身打交道并且获得自己的自觉的、与自身相符合的存在——以前，它作为人类学的、现象学的、心理学的、伦理的、艺术的、宗教的精神，就对自身说来还不是自己本身。因为它的现实存在就是**抽象**。

黑格尔有两个错误。

第一个错误在黑格尔哲学的诞生地《现象学》中表现得最为明显。例如，当他把财富、国家政权等等看成是从**人的**本质异化出去的本质时，他只是从它们的思想形式来把握它们的。它们是思想物，并且因而只是**纯粹的**亦即抽象的哲学思维的异化。所以，整个运动是以绝对知识结束的。这些对象由之异化

出去的并且带着以现实自居的自负态度与之对立的，正是抽象的思维。**哲学家**——异化了的人的抽象形象本身——把自己变成异化了的世界的**尺度**。因此，**外化**的全部**历史**和外化的整个**复归**，不过是抽象的亦即绝对的 ‖XVII | 思维，逻辑的、思辨的思维的**生产史**。因而，**异化**，作为这种外化和这种外化之扬弃的真正的意义，［在黑格尔那里］乃是**自在**和**自为**之间、**意识**和**自我意识**之间，**客体**和**主体**之间的对立，也就是说，是抽象思维同感性的现实或现实的感性在思想本身范围内的对立。其他一切对立和这些对立的运动，不过是构成其他世俗对立之**意义**的这些最关键的对立的**假象**、**外壳**、**公开的**形式。在这里，被视为异化之被设定的和应予扬弃的本质的，不是人的本质**对象化为非人的**、与自身对立的东西这一点，而是人的本质**对象化为**与抽象思维**有别**和**对立**的东西这一点。

‖XVIII | 因而，对于已成为对象并且是异己对象的、人的本质力量的占有，**首先**不过是那种在**意识**中、在**纯思维**中，亦即在**抽象**中进行的占有，是对这些作为**思想**和**思想运动**的对象的占有；因此，在《现象学》——尽管它有一个彻底否定的和批判的外表，尽管它实际上包含着那种往往远远走在后来的发展前面的批判——中已经以一种潜在的方式，作为萌芽、潜能和秘密，包含了黑格尔晚期著作中那种无批判的实证主义和同样无批判的唯心主义——现有经验的哲学上的消融和恢复。**其**

《思考中的马克思画像》（版画） 李 庚 作

次，因此，把对象世界返还与人的要求，——例如，这样一种见解：**感性**意识不是**抽象的**感性意识，而是**人的**感性意识；宗教、财富等等不过是**人的**对象化之异化了的现实，是客体化了的**人的**本质力量的异化了的现实；因此，宗教、财富等等不过是通向真正**人的**现实的**道路**，——这种［对人的本质力量的］占有或对这一过程的理解，在黑格尔那里表现成这样：**感性**、**宗教**、国家政权等等是**精神的**本质，因为只有**精神**才是人的**真正的**本质，而精神的真正的形式则是能思维的精神，逻辑的、思辨的精神。自然界以及历史所创造的作为人的产物的自然界的人类性，就表现在它们是抽象精神的**产物**，并因而是精神的环节即**思想物**。因此，《现象学》是一种暗含着的、自身还模糊不清的、带有神秘色彩的批判；但是，既然《现象学》紧紧抓住人的异化，——虽然在《现象学》中人是以精神的形式出现的，——那么，在它里面就潜藏着批判的一切要素，并且这些要素往往已经具有了远远超过黑格尔观点的**完善的**和**成熟的**形式。关于"不幸的意识"、"诚实的意识"、"高尚的意识和卑鄙的意识"的斗争等等、等等的各节，包含着——尽管还是以异化的形式——对宗教、国家、市民生活等等整个领域的**批判的**要素。正像**本质**、**对象**［在黑格尔那里］表现为**思想物**一样，**主体**也始终是**意识**或**自我意识**，或者更正确些说，对象仅仅表现为**抽象的**意识，而人仅仅表现为**自我意识**。因此，在《现象学》中出现的、各种异化的形式，

不过是意识和自我意识的不同形式。正像抽象的意识——对象就被看作是这样的意识——**自己**不过是为自身设定差别的自我意识的一个环节一样，这一运动的结果乃是自我意识和意识的同一，即绝对知识，或者说是抽象思维的那种已经不是走向外部、而是仅仅在自身内部进行的运动，也就是说，乃是纯思想的辩证法。| XVIII‖

‖XXIII | 因此，黑格尔《现象学》及其最后成果——作为推动原则和创造原则的否定的辩证法——的伟大之处就在于，黑格尔把人的自我创造看作一个过程，把对象化看作非对象化，看作外化和这种外化的扬弃；因而，他抓住了**劳动**的本质，把对象性的人、真正的因而是现实的人理解为他**自己的劳动**的结果。人同作为类的存在物的自身发生**现实的**、能动的关系，或者说，人使自身作为现实的类的存在物、亦即作为属人的存在物实际表现出来，这只有通过下述途径才是可能的，即人实际上把自己的**类的力量**全部发挥出来（这仍然只有通过人类的共同活动，只有作为历史的结果，才是可能的），并且把这些力量当作对象来对待，而这目前仍然只有通过异化这种形式才是可能的。

我们将根据《现象学》论绝对知识的最后一章来详细说明黑格尔的片面性和局限性；这一章既概括地阐述了《现象学》的精神、它同思辨的辩证法的关系，也概括地阐述了黑格尔对二者及其相互关系的**理解**。

让我们先仅仅指出下述一点。黑格尔站在现代国民经济学家的立场上。他把**劳动**看作人的本质，看作人的自我确证的本质；他只看到劳动的积极的方面，而没有看到它的消极的方面。劳动是**人**在**外化**范围内或者作为**外化了的人**的**自为的生成**。黑格尔只知道并承认一种劳动，即**抽象的精神的**劳动。因此，黑格尔认为劳动的本质，就是那一般说来构成哲学的**本质**的那个东西，也就是说，是那**知道自身的人的外化**，或者说是**思考自身的、外化了的**科学；因此，同以往的哲学相反，他能把哲学的各个环节总括起来，并且把自己的哲学说成是**真正的**哲学［*die* Philosophie］。黑格尔**认为**，其他哲学家所做过的事情，即把自然界和人类生活的各个环节看作自我意识、而且是抽象自我意识的环节一事，乃是哲学本身的**事情**。因此，他的科学是绝对的。

现在让我们转到我们的题目上来。

绝对知识。《现象学》的最后一章。

主要之点就在于：**意识的对象**［在黑格尔看来］无非就是**自我意识**；或者说，对象不过是**对象化了的自我意识**、作为对象的自我意识（把人和自我意识等同起来）。

因此，问题就在于克服**意识的对象**。**对象性**本身被认为是人的**异化了的**、不符合于**人的本质**（自我意识）的关系。因此，把在异化这一范畴下作为某种异己的东西产生的、人的对象化了的本质加以**重新占有**，这不仅具有扬弃**异化**的意义，而且具有扬弃**对象性**的意义，这就是说，人被看成是**非对象的、唯灵论的**存在物。

黑格尔对**克服意识的对象**的运动做了如下的描述：

对象不仅表现为**回到自我**的东西（在黑格尔看来，这是对这一运动的**片面的**、亦即只抓住了一个方面的理解）。人被同自我等同起来。但自我不过是被**抽象地**思想出来的和通过抽象而被产生出来的人。人**是**自己的。他的眼睛、他的耳朵等等都是**自己的**；他的每一种本质力量在他身上都具有**自己性**这种特性。但正是因为这个缘故，说**自我意识**具有眼睛、耳朵、本质力量，就是完全错误的。无宁说**自我意识**才是属人的自然界、即人的眼睛等等的质，而并非属人的自然界是‖XXIV｜**自我意识**的质。

被抽象化和固定化［为独立存在物］的自我，就是作为**抽象的唯我主义者**的人，就是在自己的纯粹抽象中被提升到思维的**唯我主义**（下文还要谈到这一点）。

人的本质，**人**，在黑格尔看来是和**自我意识**等同的。因此，人的本质的一切异化［在他看来］都**不过是自我意识的异化**。自我意识的异化不是被看作人的本质的**现实**异化的**表现**，反映在知识和思维中的表现。相反地，**现实的**即作为实在的东西出现的异化，就其潜藏在内部最深处的——并且只有哲学才能揭示出来的——本质来说，不过是真正的、人的本质即自我意识的异化的**现象**。因此，把握了这一点的科学就叫作**现象学**。因此，对异化了的对象性本质的任何重新占有，都表现为把这种本质化入自我意识：掌握了自己本质的人，**不过**是掌握了对象性本质的自我意识。因此，对象之回到自我就是对对象的重新占有。

［在黑格尔看来，］**对意识的对象的克服全面地**说来是这样的：

（1）对象本身对意识说来是正在消逝的东西；

（2）自我意识的外化就是创立物相；

（3）这种外化不仅具有**否定的**意义，而且具有**肯定的**意义；

（4）它不仅**对于我们**具有这种意义，即自在地具有这种意义，而且**对于意识本身**也具有这种意义；

（5）对象的否定，或对象的自我扬弃，**对于意识说来**所以具有肯定的意义，或者说，它所以**意识到**对象的这种虚无性，是由于意识把自己本身外化了，因为意识在这种外化中把**自身**设定为对象，或者说，由于**自为的存在**的不可分割的统一性而把对象设定为自己本身；

（6）另一方面，这里还同时包含着另一个环节，即意识既扬弃这种外化和对象性，同样也使之返回自身，因而，它在**自己的**异在**本身**中也就是在**自己本身**；

（7）这就是意识的运动，因而也就是意识的各个环节的总和；

（8）意识必须既依照自己的各个规定的总和来对待对象，同样也必须从这些规定中的每一个规定的角度来考察对象。意识的各个规定的这种总和使**自在的**对象成为**精神的存在物**，而对于意识说来，对象之所以真正成为**精神的存在物**，是由于把对象的每一个别的规定理解为**自我**之规定，或者说，是由于对这些规定采取了上述的**精神的**态度[72]。

关于第一点。所谓对象本身对意识说来是正在消逝的东西，就是上面所说的**对象之回到自我**。

关于第二点。——**自我意识的外化**创立**物相**。由于人等于自我意识，所以人的外化了的、对象化了的本质即**物相**（即**对他说来**是**对象**的**那个东西**，而只有对他说来是本质的对象，并因而是他的**对象化了的**本质的那个东西，才对他说来真正是对象。既然被当作主体的不是**现实的人**本身，因而也不是自然界，——因为人是**属人的自然界**，——而只是人的抽象，即自我意识，所以，物相只能是外化了的自我意识），是与**外化了的自我意识**同一的，而**物相**是为这种外化所创立的。有生命的、自然的、具备并赋有对象性的亦即物质的本质力量的存在物，也拥有他的本质之**现实的、自然的对象**，这是完全自然的。同样完全自然的是，他的自我外化就是创立一个**现实的**、然而以

外在性的形式表现出来的、因而不从属于他的本质并且凌驾于他之上的对象世界。这里并没有什么难以理解的和不可思议的东西。无宁说相反的情况倒是不可思议的。但同样明显的是，**自我意识**通过自己的外化所能创立的只是**物相**，亦即只是抽象的物，抽象之产物，而不是**现实的**物。‖XXVI|其次，这样一点也是很明显的，即物相因此对自我意识说来并不是什么**独立的、本质的东西**，而只是纯粹的创造物，是**被**自我意识所**创立的东西**，这个被创立的东西并不证实自己，而只是证实创立的活动，这个创立活动在一瞬间把自己的力能作为产物固定下来，并且**在表面上**赋予它——但[仍然]只是在一瞬间——以独立的、现实的存在物的作用。

当站在牢固平稳的地球上吸入并呼出一切自然力的、现实的、有形体的**人**通过自己的外化而把自己的现实的、对象性的**本质力量**作为异己的对象**创立**出来时，这种**创立**并不是主体：它是**对象性的**本质力量的主体性，因而这些本质力量的作用也必然是**对象性的**。对象性的存在物对象性地活动着，而只要它的本质规定中没有包含对象性的东西，那它就不能对象性地活动。它所以能创造或创立对象，只是因为它本身是为对象所创立的，因为它本来就是**自然界**。因此，并不是它在创立活动中从自己的"纯粹的活动"转向**对象之创造**，而是它的**对象性的**产物仅仅证实了它的**对象性的**活动，证实了它的活动是对象性的、自然的存在物的活动。

我们在这里看到，彻底的自然主义或人本主义既有别于唯心主义，也有别于唯物主义，同时是把它们二者统一起来的真理。我们同时也看到，只有自然主义能够理解世界历史的活动[73]。

〈**人**直接地是**自然存在物**[74]。作为自然存在物，而且是有生命的自然存在物，人一方面赋有**自然力、生命力**，是**能动的**自然存在物；这些力量是作为禀赋和能力、作为**情欲**在他身上存在的；另一方面，作为自然的、有形体的、感性的、对象性的存在物，人和动植物一样，是**受动的**［Leidend］[75]、受制约的和受限制的存在物，也就是说，他的情欲的对象是作为不依赖于他的**对象**而在他之外存在着的；但这些对象是他的**需要的对象**；这是表现和证实他的本质力量所必要的、重要的**对象**。说人是有形体的、赋有自然力的、有生命的、现实的、感性的、对象性的存在物，这就等于说，人有**现实的、感性的对象**作为自己的本质、自己的生命表现的对象；或者等于说，人只有凭借现实的、感性的对象才能**表现**自己的生命。说一个东西是对象性的、自然的、感性的，——这就等于说，在它之外有对象、自然界、感觉；或者等于说，它对于第三者说来是对象、自然界、感觉。〉**饥饿**是个自然的**需要**；因此，为了得到满足，得到温饱，它需要在它之外的**自然界**、在它之外的**对象**。饥饿是我的身体对于存在于我的身体之外的、为了保全自己、表现自己的本质所不可缺少的**对象**的公开表露的需要。太阳是植物的**对象**，是植物所不可缺少的、保证它的生命的对象，正像植物作为太阳的唤醒生命的力量的**表现**、作为太阳的**对象性的**本质力量的**表现**而是太阳的对象一样。

一个在自身之外没有自己的自然界的存在物，就不是**自然的**存在物，就不参与自然界的生活。一个在自身之外没有对象的存在物，就不是对象性的存在物。一个本身不是第三者的对象的存在物，就没有任何存在物作为自己的**对象**，也就是说，它就不能作为对象来行动，它的存在就不是一种对象性的存在。

‖XXVII| 非对象的存在物是**一种［根本不可能有的］怪物**［*Unwesen*］。

假定有这样一个存在物，它本身既不是对象，又没有对象。这样的存在物首先将是一个**唯一的**存在物，在它之外没有任何东西存在着，它是孤零零地独自存在着的。因为，只要有对象存在于我之外，只要我不是**独自**存在着，那么我就是有别于在我之外的对象的**他者、另一个现实**。因而，对这第三个对象说来，我是有别于它的**另一个现实**，也就是说，我是**它的**对象。因此，不是另一个存在物的对象的存在物，以不存在**任何一个**对象性的存在物为前提。只要我有某一个对象，这个对象就以我作为它的对象。而**非对象的**存在物，这是非现实的、非感性的、只是思想出来的、亦即只是虚构出来的存在物，即抽象之产物。

说一个东西是**感性的**，亦即现实的，这就等于说，它是感觉之对象，是**感性的对象**，亦即在自己之外有着感性的对象，有着自己的感性之对象。是感性的，也就等于说，是**受动的**。

因此，人作为对象性的、感性的存在物，是一个**受动的**存在物；而由于这个存在物感受到自己的苦恼，所以它是有**情欲**的存在物。情欲是人强烈追求自己的对象的本质力量。

〈但是，人不仅仅是自然存在物，他还是**属人的**自然存在物，也就是说，是为自己本身而存在着的存在物，因而是**类的存在物**。他必须既在自己的存在中也在自己的知识中确证并表现自己是类的存在物。因此，正像**属人的**对象不是在自然界中直接呈现出来的那个样子的自然对象一样，**人的感觉**，就它作为对象而直接**存在**着的那个样子而言，也不是**属人的**感性、属人的对象性。无论是作为客体的自然界，还是作为主体的自然界，都不是现成地直接呈现在**属人的**存在物面前的。〉正像一切自然物必须**产生**一样，**人**也有自己的产生过程即**历史**；但历史是在人的意识中反映出来的，因而作为产生过程乃是一种有意识地扬弃自身的产生过程。历史是人的真正的自然史。——（下文还要谈到这一点。）

第三，由于物相的这种创立本身不过是一种假象，一种与纯粹活动的本质相矛盾的行为，所以这种创立必然重新被扬弃，而物相必然遭到否定。

关于第 3、4、5、6 点。——（3）意识的这种异化不仅具有**否定的**意义，而且具有**肯定的**意义；（4）它不仅**对于我们**具有这种肯定的意义，或者自在地具有这种意义，而且对于它本身，即对于意识也具有这种意义。（5）对象的否定，或对象的自我扬弃，**对于意识说来**所以具有**肯定的**意义（或者说，它所以**意识到**对象的这种虚无性），是由于意识把**自己**本身外化了，因为意识在这种外化中知道自己就是对象，或者说，由于**自为的存在**的不可分割的统一性而知道对象就是自己本身。（6）另一方面，这里还同时包含着另一个环节，即意识既扬弃这种外化和对象性，也在同样程度上使之回到自身，因而，它在它的**异在本身**中也就是**在它自身**。

我们已经看到，对异化了的对象性本质的占有，或对**异化**——它必然从漠不相关的异己性发展到现实的、敌对的异化——这个规定下的对象性的扬弃，在黑格尔看来同时甚至主要地具有扬弃**对象性**本身的意义，因为对自我意识说来，不是对象的**特定的**性质，而是它的**对象**性质本身，才是障碍和异化。因此，对象是一种否定的、自我扬弃的东西，是一种**虚无性**。对象的这种虚无性对意识说来不仅具有否定的意义，而且具有**肯定的**意义，因为对象的这种**虚无性**正是它自身的非对象性、‖XXVIII｜**抽象性**的**自我证实**。对于**意识本身**说来，对象的虚无性所以具有肯定的意义，是因为意识**知道**这种虚无性、这种对象性本质是它自己的**自我外化**，知道这种虚无性只是由于它的自我外化才存在……

意识的存在方式和某个东西对意识说来的存在方式，这就是**知识**。知识是意识的唯一的活动。因此，只要意识**知道某个东西**，那么某个东西对意识说来就产生了。知识是意识的唯一的、对象性的关系。——意识知道对象的虚无性，这就是说，意识知道对象同它是没有区别的，对象对它说来是非存在，因为意识知道对象是它的**自我外化**，也就是说，意识所以知道自己（作为对象的知识），是因为对象只是对象之**假象**，是虚无缥缈的海市蜃楼，而就其本质说来不过是知识本身，这种知识把自己同自己本身对立起来，并因而把某种**虚无性**、某种在知识之外没有**任何**对象性的东西同自己对立起来；换言之，知识知道，当它同某个对象发生关系时，它只是**处于**自己**之外**，把自己外化出去；它知道只是**它本身**对于它自己**表现为**对象的样子，也就是说，对它表现为对象的那个东西只是它本身。

另一方面，用黑格尔的话来说，在这里同时还存在另一个环节，即自我意识既扬弃这种外化和这种对象性，也在同样程度上使之回到自身，因而它在它的**异在本身**中也就是**在它自身**。

这一段议论是思辨的一切谬想的集大成。

第一：意识、自我意识在**它的异在本身中**也就是**在它自身**。因此自我意识，或者，——如果我们撇开黑格尔的抽象而用自我意识的人来代替自我意识，——因此自我意识的人在它的**异在本身中**也就是**在它自身**。这里首先包含着这样一个意思，即意识，也就是作为知识的知识、作为思维的思维，直接地把自己冒充为有别于自身的**他者**，冒充为感性、现实、生命，——在思维中超越自身的思维（费尔巴哈）[76]。这里所以包含着这一方面，是因为意识，仅仅作为意识，它不是把异化了的对象性，而是把**对象性本身**看成是自己的障碍。

第二，这里包含着这样一个意思，即只要自我意识的人承认精神世界——亦即人的世界的普遍的精神存在——是自我外化并加以扬弃，那么他就重新通过这个外化了的形态确证了精神世界，把这个世界冒充为自己的真实的存在，恢复这个世界，硬说他在**他的异在本身**中也就是**在他自身**。因此，在扬弃了，例如，宗教之后，在承认宗教是自我外化的产物之后，他竟仍然认为自己是在**作为宗教的宗教**中得到确证的。这里**包含着**黑格尔的虚假的实证主义、亦即他的只是**似是而非的**批判主义的根源，——这也就是费尔巴哈称之为宗教或神学的创立、否定和恢复的那个东西，然而这也是应当更全面地来加以考察的东西。因此，理性在作为非理性的非理性中也就是在它自身。一个认识到自己在法、政治等等中过着外化生活的人，是在这种外化生活本身中过着真正的、人的生活的。因此，与自己本身**相矛盾的**，既与知识又与对象之本质相矛盾的自我肯定、自我确证，是真正的**知识**和真正的**生活**。

因此，现在已经谈不到什么黑格尔对宗教、国家等等的迁就了，因为这种谬误乃是他的原则的谬误。

‖ XXIX | 如果我**知道**宗教是**外化了的**、人的自我意识，那么我因而也就知道，在作为宗教的宗教中得到确证的不是我的自我意识，而是我的外化了的自我意识。这就是说，我知道我的、属于我自身的、属于我的本质的自我意识，不是在**宗教**中，而无宁是在**被消灭、被扬弃的**宗教中得到确证的。

因此，在黑格尔那里，否定之否定不是通过对虚假本质的否定而对真实本质的肯定，而是通过对虚假的亦即从自身异化出去的本质的否定而对这种本质加以肯定，换言之，就是把这种虚假本质作为在人之外并且不以人为转移的对象性本质加以否定并使之转化为主体。

因此，把否定和保存即肯定结合起来的**扬弃**起着一种独特的作用。

例如，在黑格尔法哲学中，扬弃了的**私人权利**等于**道德**，扬弃了的道德等于**家庭**，扬弃了的家庭等于**市民社会**，扬弃了的市民社会等于**国家**，扬弃了的国家等于**世界史**。在**现实**中，私人权利、道德、家庭、市民社会、国家等等依然存在着，它们只是变成了一些**环节**，变成了人的存在和定在的形式，这些形式不能孤立地发挥作用，而是彼此消融，互相产生等等。它们是**运动的环节**。

它们的这种**能动的**本质在它们的现实存在中是隐蔽着的。这种本质只是在思维中、在哲学中才表露出来、显示出来；因此，我的真正的宗教存在是我在**宗教哲学**中的存在，我的真正的政治存在是我在**法哲学**中的存在，我的真正的自然存在是我在**自然哲学**中的存在，我的真正的艺术存在是我在**艺术哲学**中的存在，我的真正的**属人的**存在是我在**哲学**中的存在。因此，宗教、国家、自然界、艺术的真正存在，就是宗教**哲学**、自然**哲学**、国家**哲学**、艺术**哲学**。但是，如果只有宗教哲学等等对我说来才是真正的宗教存在，那么我就只有作为**宗教哲学家**才算是真正信教的，而这样一来我就否定了**现实的**宗教信仰和现实的**教徒**。但是同时我又**肯定了**它们，这部分地是在我自己的存在的范围内或我使之与它们相对立的那个异己存在的范围内（因为这个异己存在不过**是**它们本身的**哲学的**表现），部分地则是通过它们自己本来的形式，因为我认为它们不过是它们自己的真正存在亦即我的**哲学的**存在之**虚假的**异在、譬喻、隐蔽在感性外壳下面的形式。

同样地，扬弃了的**质**等于**量**，扬弃了的量等于**度**，扬弃了的度等于**本质**，扬弃了的本质等于**现象**，扬弃了的现象等于**现实性**，扬弃了的现实性等于**概念**，扬弃了的概念等于**客观性**，扬弃了的客观性等于**绝对理念**，扬弃了的绝对理念等于**自然界**，扬弃了的自然界等于**主观**精神，扬弃了的主观精神等于**伦理的**客观精神，扬弃了的伦理精神等于**艺术**，扬弃了的艺术等于**宗教**，扬弃了的宗教等于绝对**知识**。

一方面，这种扬弃是对想象的本质的扬弃，也就是说，**想象的**私有财产在**想象的**道德**观念**中被扬弃。而且因为思维自以为它直接就是有别于自身的另一个东西，即**感性的现实**，从而认为自己的活动也是**感性的现实的**活动，所以这种想象的扬弃，虽然使自己的对象在现实中原封未动，却以为它已经实际上克服了自己的对象；另一方面，因为对象对于思维说来现在已成为一个想象的环节，所以现实中的对象也被思维看成是思维本身、自我意识、抽象之自我确证。

‖XXX| 因此，从一方面来说，黑格尔在哲学中加以扬弃的存在，不是**现实的**宗教、国家、自然界，而是本身已经成为知识的对象的宗教，即**教义学**；**法学**、**国家学**、**自然科学**也是如此。因此，从一方面来说，黑格尔的立场既同**现实的**存在相对立，也同关于这种存在的直接的、非哲学的**科学**或非哲学的**概念**相对立。因此，**黑格尔**是同这些学科的流行的概念相矛盾的。

另一方面，信奉宗教等等的人可以在黑格尔那里得到自己的最后的确证。

现在应该考察一下——在异化这个范畴的范围之内——黑格尔辩证法的**积极的**要素。

（a）**扬弃**是**使**外化**回到自身**的、对象性的运动。——这是在异化的范围内表现出来的一种关于通过扬弃对象性本质的异化来**占有**对象性本质的见解；这是关于人的**现实的对象化**，关于人通过消灭对象世界的**异化了的**规定、通过在对象世界的异化存在中扬弃对象世界而现实地占有自己的对象性本质一事的异化了的见解，正像无神论作为神的扬弃就是理论的人本主义的生成，而共产主义作为私有财产的扬弃就是对真正人的生活这种人的［不可剥夺的］财产的偿还要求，就是实践的人本主义的生成一样；换言之，无神论是通过宗教的扬弃这个中介而使自己表现出来的人本主义，共产主义则是通过私有财产的扬弃这个中介而使自己表现出来的人本主义。只有通过扬弃这种中介，——但这种中介是一个必要的前提，——积极地从自身开始的**实证的**人本主义才能产生。

然而，无神论、共产主义，决不是人所创造的对象世界、即人的采取对象形式的本质力量的消逝、舍弃和丧失，决不是返回到违反自然的、原始的简单状态去的贫困。相反地，它们无宁是人的本质的现实的生成，是人的本质对人说来的真正的实现，是人的本质作为某种实在的东西的实现。

因此，黑格尔在考察——虽然仍然通过异化的形式——适用于自身的否定的**积极**意义时，同时也把人的自我异化、人的本质的外化、人的非对象化和非现实化，看作自我获得，本质的表现，对象化，现实化。〈简言之，他——在抽象的范围内——把劳动看作人的**自我创造**的活动，把对人自身的关系看作对异己本质的关系，并且把作为异己存在物的人本身的实现看作生成着的**类的意识**和**类的生活**。〉

(b) 但是，在黑格尔那里，——撇开上述的概念颠倒，或者更正确些说，作为上述概念颠倒的结果，——这个活动，**第一**，**仅仅**具有**形式的**性质，因为它是抽象的，因为人的本质本身仅仅被看作抽象的、能思维的本质，即自我意识。

第二，因为这种观点是**形式的**和**抽象的**，所以外化的扬弃成为外化的确证，换言之，在黑格尔看来，**自我创造、自我对象化**的运动，作为**自我外化**和**自我异化**的运动，是**绝对的、**因而也就是最后的、以自己本身为目的的、自满自足的、达到自己本质的、**人的生命表现**。

因此，这个抽象 ‖ XXXI | 形式的运动，作为辩证法，被看作是**真正人的生活**；而因为它毕竟是人的生活的抽象、异化，所以它被看作属神的过程，但却是人的属神的过程，即人的有别于自身的、抽象的、纯粹的、绝对的本质本身所经历的过程。

第三，这个过程必须有一个体现者、主体；但主体只是作为结果而产生的；因此，这个结果，即那个知道自己是绝对自我意识的主体，就是**神**，就是**绝对精神**，就是**自己知道自己并且自己实现自己的理念**。现实的人和现实的自然界不过成为这个潜在的、非现实的人和这个非现实的自然界的宾词、象征。因此，主词和宾词之间的关系是绝对地颠倒的：这就是**神秘的主体一客体**，或**包摄客体的主体性**；就是作为**过程**、作为把自己**外化出去**并且从这种外化返回自身、同时又使外化回到自身的**主体**的**绝对主体**，以及作为这一过程的主体；这就是在自身内部的纯粹的、**不停息的**旋转[77]。

关于第一点：对人的自我创造或自我对象化的活动的**形式的**和**抽象的**理解。

由于黑格尔把人和自我意识等同起来，所以人的异化了的对象，人的异化了的、本质的现实性，不外就是异化之意识，无非就是关于异化的思想，就是异化之抽象的、因而是无内容的和非现实的表现——**否定**。因此，异化的扬弃也不外就是对这种无内容的抽象之抽象的、无内容的扬弃——**否定之否定**。因此，自我对象化的内容丰富的、活生生的、感性的、具体的活动，就成为这种活动的纯粹抽象——**绝对的否定性**，而这种抽象本身也被固定下来并且被想象为独立的活动，纯粹的活动。由于这种所谓否定性无非就是上述现实的、活生生的活动之**抽象的无内容的**形式，所以这种所谓否定性的内容也只能是**形式的**、通过抽掉一切内容而获得的内容。因此，这种所谓否定性就是普遍的、抽象的，为任何内容所具有的，从而超然于任何内容并且正是因此而适用于任何内容的，脱离**现实的**精神和**现**

《燕妮夫人画像》（版画） 李 庚 作

实的自然界的**抽象形式**、思维形式、逻辑范畴。（下文我们将阐明绝对的否定性的**逻辑**内容。）

黑格尔在这里、在他的思辨的逻辑学里所完成的东西的积极方面在于，不依赖于自然界和精神而独立的**特定概念**，普遍的、**不变的思维形式**，乃是人的本质普遍异化的必然结果，因而也是人的思维的必然结果；因此，黑格尔把它们描绘成抽象过程的各个环节并使之有条有理地联系起来。例如，扬弃了的存在是本质，扬弃了的本质是概念，扬弃了的概念是……绝对理念。然而，绝对理念究竟是什么呢？如果绝对理念不愿意再去从头经历全部抽象活动，并且不愿意满足于充当种种抽象的总和或理解自身的抽象，那么，绝对理念也要再一次扬弃自己本身。但是，理解到自己是抽象的抽象，知道它自己是无；它必须放弃自身即抽象，借以达到那是它的直接对立面的存在，即**自然界**。因此，全部逻辑学都证明，抽象思维本身是无，绝对理念本身是无，只有**自然界**才是某物。

‖XXXII|绝对理念、**抽象**理念，

"从它与自身统一这一方面来看就是**直观**"（黑格尔的《全书》，第3版[78]，第222页［第244节］），它"在自己的绝对真理中**决心**把自己的特殊性这一环节，或最初规定和异在这一环节，即作为自己的反映的**直接**理念，**从自己本身**释放出去，也就是说，决心把自身作为自然界**从自己本身**释放出去"（同上）。

这曾使黑格尔分子伤透了脑筋的、表现得如此奇妙而怪诞的整个理念，无非就是**抽象**，即抽象的思维者；这种由于经验而变得聪明了的抽象在弄清了自身的真情之后就决心在某些——虚幻的并且仍然是抽象的——条件下**放弃自身**，而用自己的异在，即特殊的、特定的东西，来代替自己的自在的存在、虚无性，代替自己的普遍性和无规定性；——决心把那只是作为抽象物、作为思想物而隐藏在它里面的**自然界从自己本身释放出去**，也就是说，决心抛弃抽象而仔细观看一下摆脱了它而**自由的**自然界。直接成为**直观**的抽象理念，无非就是那放弃自身并且决心成为**直观**的抽象思维。从逻辑学到自然哲学的这整个过渡，无非就是对抽象的思维者说来如此艰难的、因而被他加以如此荒诞的描述的、从**抽象**到**直观**的过渡。驱使哲学家从抽象思维进入直观的那种**神秘的**感情，就是**寂寥**，就是对内容的眷恋。

（从自身异化了的人，也就是从自己的**本质**，亦即从自己的自然的和属人的本质异化了的思维者。因此，他的思想是居于自然界和人之外的僵化了的精灵。黑格尔把这些僵化了的精灵统统禁锢在他的逻辑学里，先是把它们一个一个地看成是否定，即**人的**思维的**外化**，然后又把它们看成是否定之否定，即看成是这种外化的扬弃，看成是人的思维的**现实的**表现；但是这种否定之否定由于仍然被束缚于异化中，所以它一部分是原来那些僵化了的精灵在它们的异化中的恢复，一部分是在最后一个动作上的停顿，是在作为这些僵化了的精灵的真实存在的外化中自己同自己发生关系[①]；一部分则由于这种抽象理解了自身并且从自身感受到了无限的寂寥，因而，在黑格尔那里，对抽象的，仅在思维中运动的，没有眼睛、牙齿、耳朵和一切的思维的扬弃，便表现为决心承认**自然界**是本质并且埋头于直观。）

‖ XXXIII | 但是，抽象的、孤立的、与人分离的**自然界**，对人说来也是**无**。不言而喻，决心转向直观的、抽象的思维者是抽象地直观自然界的。正像自然界［先前］被思维者禁锢在他的绝对理念、思想物这种对他本身说来也是隐秘的和不可思议的形式中一样，现在，当他把自然界从自身释放出去时，他实际上从自身释放出去的只是这个**抽象的自然界**，只是名为自然界的**思想物**，不过现在具有这样一种意义，即这个自然界是思想的异在，是现实的、可以被直观的、有别于抽象思维的自

① 这就是说，黑格尔用那在自身内部转圈子的抽象活动来代替这些僵化了的抽象概念；因此，他做出了这样的贡献，即把这一切就起源来说属于各个哲学家的，不相关的概念的来龙去脉揭示出来加以概括，并且作为批判的对象，创造出无所不包的抽象来代替那特定的抽象。（我们在下面将会看到，黑格尔为什么把思维从**主体**分离开来；但就是现在我们也已经清楚地知道，如果没有人，那么人的本质的表现也不可能是属人的，而因此思维也不能被看成是人——这个生活在社会、世界和自然界中的有眼睛、耳朵等等的属人的和自然的主体——的本质的表现。）——马克思原注

然界。换言之，——用人的语言来说，——抽象的思维者在他直观自然界时了解到，他在属神的辩证法中以为是他从虚无、从纯抽象中创造出来的那些本质，作为在自身内部转圈子的并且在任何地方都不观看一下外部现实的思维工作的纯粹产物，无非就是**自然规定的抽象**。因此，对他来说整个自然界不过是逻辑抽象在感性的、外在的形式下的再现。他重新**分析自然界**和这些抽象物。因此，他对自然界的直观不过是对于他把自然直观加以抽象一事的证实活动，不过是他有意识地加以重复的、他的抽象物的产生过程。例如，时间等于自己同自己发生关系的否定性（同上书，第238页）。作为物质的被扬弃了的运动，就其自然的形式说，是与作为定在的被扬弃了的生成相符合的。光是**反射自身**的**自然的**形式，像**月**和**彗星**这样的物体，就是**对立物**——依《逻辑学》看来，这种对立物一方面是**以自身为根据的肯定的东西**，而另一方面又是以自身为根据的**否定的东西**——的**自然的**形式。地球是作为对立物之否定性统一等等的逻辑**根据**的**自然的**形式。

作为自然界的自然界，也就是说，就它还在感性上有别于那潜藏在它自身里面的神秘意义而言，离开并有别于这些抽象物的自然界，就是**无**，即**证明自己是乌有的无**，它是**无意义的**，亦即只有应被扬弃的外在性之意义。

“有限的”**目的论**的观点包含着一个正确的前提，即在自

然界本身中并不包含着绝对的目的。（第 225 页［第 245 节］）

自然界的目的就在于确证抽象物。

“自然界原来是**异在形式**的理念。既然这样一来理念在这里表现为对它自身的否定或**外在于自身的东西**，所以并非自然界仅仅在相对的意义上对这种理念说来是外在的，而是**外在性**构成理念借以表现为自然界的那个规定。”（第 227 页［第 247 节］）

在这里不应把**外在性**理解为**显露在外的**并且对光、对感性的人敞开的**感性**；在这里应该把外在性理解为外化，理解为不应有的缺点、缺陷。因为真实的东西仍然是理念。自然界不过是理念的**异在形式**。而因为抽象的思维是**本质**，所以外在于它的东西，就其本质说来，不过是某种**外在的东西**。抽象的思维者同时承认，感性、同**在自身内部**运动的思维相对立的**外在性**，是自然界的本质。但是同时他把这种对立说成是这样，即自然界的这种外在性，自然界同思维的**对立**，乃是自然界的**缺陷**；就自然界有别于抽象物而言，自然界是个有缺陷的存在物。‖XXXIV｜不仅对于我说来、不仅从我的观点看来是有缺陷的存在物，而且就其本身说来也是有缺陷的存在物，在它之外有着某种为它所缺少的东西，也就是说，它的本质是有别于它自身的某种东西。因此，对抽象的思维者说来，自然界必须扬弃自己本身，因为他已经把自然界设定为潜在地**被扬弃了的**存在物。

“**对我们说来**精神以**自然界**为**前提**，精神是自然界的**真理**，因而对自然界说来精神也是某种**绝对第一性的东西**。自然界在这个真理中**消逝了**，结果精神成为达到其自为的存在的理念，而**概念**则既是理念的**客体**，同时又是它的**主体**。这种同一性就是**绝对的否定性**，因为概念在自然界中有它的完满的外在的客观性，但现在它的这种外化被扬弃了，而它，概念，在这种外化中对自己说来成了与自己同一的东西。因此，概念只有作为从自然界的回归才是这种同一性。”（第 392 页［第 381 节］）

“**启示**，作为**抽象的理念**，是向自然界的直接的过渡，是自然界的**生成**，而作为自由精神的启示，则是自由精神把自然界**设定**为**自己的**世界，——这种设定，作为反思，同时又是把世界**假定**为独立的自然界。概念中的启示，是精神创造自然界作为自己的存在，而精神通过这个存在把自己的自由之确证和**真实性**提供给自己。”“**绝对的东西是精神**；这是绝对的东西的最高的定义。”［第 393 页；第 384 节］| XXXIV‖

注　释

1 《1844年经济学—哲学手稿》大概是马克思曾经打算撰写的《政治和政治经济学批判》一书的草稿。这部著作留给我们的是写在 30×40 厘米的纸上的三个手稿。每个手稿都有自己的用罗马数字书写的页码。在第一手稿（共三十六页）中，每一页都分成并列的三个或两个栏，各栏分别加上标题：《工资》、《资本的利润》（或《资本的赢利》）、《地租》。从第十七页起只有加上《地租》这一标题的栏写满了，而从第二十二页起直到第一手稿的末尾，马克思不管原来加上的标题是什么，在所有三栏里都写满了。从第二十二页到第二十七页这六页原文由编者加上了《异化劳动》这一标题。第二手稿只保存下来四页。第三手稿是用白线订起来的十七大张纸（对折三十四张）。第三手稿的末尾（在第 XXXIX—XL 页）是《序言》，本书把它放在全文的开头。按照马克思在《序言》中所表示的意思，把手稿中标着（6）的那一部分（批判黑格尔哲学的部分）放在全书的末尾。

马克思的这部手稿现在所用的书名，以及放在方括号里的、各个部分的标题都是编者加的。——序言第 1 页。

《马克思的故乡》（版画）　李　庚 作

2 这里以及以下的罗马数字都是马克思在手稿各页上所写的页码。——序言第 1 页。

3 马克思的著作《黑格尔法哲学批判导言》（见《马克思恩格斯全集》第 1 卷第 452—467 页）是这一批判的开始。

《德法年鉴》（《 Deutsch-Französische Jahrbücher》）是在马克思和卢格主编下用德文在巴黎出版的。该刊仅在 1844 年 2 月出版了第一、二期合刊一册。该刊发表了马克思的著作《论犹太人问题》和《黑格尔法哲学批判导言》，以及恩格斯的著作《政治经济学批判大纲》和《英国状况。评托马斯 · 卡莱尔的〈过去和现在〉》（见《马克思恩格斯全集》第 1 卷第 419—467、596—655 页）。这些著作标志着马克思和恩格斯向唯物主义和共产主义的彻底转变。该刊停刊的主要原因是马克思同资产阶级激进派的原则分歧。——序言第 1 页。

4 这个计划没有实现。马克思之所以没有写这些小册子，可能主要地不是因为各种外部情况，而是因为他终于确信，在他还没有对各种社会、其中包括资产阶级社会的基础——生产关系——做出科学的分析以前，要对法、道德、政治和上层建筑方面的其他范畴进行独立的、科学的考察是不可能的。——序言第 1 页。

5 指的是在《文学总汇报》（《Allgemeine Literatur Zeitung》）上就一些有关犹太人问题的图书、论文和小册子发表了两篇长篇评论的布 · 鲍威尔。马克思在这里所引用的词句就大部分是从刊载在《文学总汇报》第 1 期（1843 年 12 月）和第 4 期（1844 年 3 月）的这两篇评论摘来的。“乌托邦式的词句”和“密麻麻的群众”这些字眼见于《文学总汇报》第 8 期（1844 年 7 月）上布 · 鲍威尔的一篇论文《什么是现在批判的对象？》。马克思和恩格斯后来在《神圣家族，或对批判的批判所做的批判》这部著作中对这个月刊展开了全面的批判。

《文学总汇报》是青年黑格尔分子布·鲍威尔从 1843 年 12 月到 1844 年 10 月在沙洛顿堡出版的德文月刊。——序言第 2 页。

6 这时，除了德文以外还掌握了法文的马克思，对法国的文献十分熟悉。他读了孔西得朗、列鲁、蒲鲁东、卡贝、德萨米、邦纳罗蒂、傅立叶、劳蒂埃尔、维尔加尔德尔和其他作者的著作，并且往往做了摘要。在四十年代前半期，马克思还没有掌握英文，因此他只能借助于德译本或法译本来利用英国社会主义者的著作。例如，欧文的作品，他就是通过法译本和论述欧文观点的法国作家的著作来了解的。《经济学—哲学手稿》本文和其他文献资料都还没有表明，马克思这时已具有了他后来例如在《哲学的贫困》（写于 1847 年）中所显示出来的那种对英国社会主义者的著作的渊博知识。——序言第 2 页。

7 除了魏特林的主要著作《和谐与自由的保证》以外，马克思大概还指的是魏特林在他自己于 1841—1843 年间出版的一些杂志上所发表的一些文章，以及魏特林为正义者同盟写的纲领性著作《人类的现状和未来》。

在格奥尔格·海尔维格出版的文集《来自瑞士的二十一印张》(《Einundzwanzig Bogen aus der Schweiz》,苏黎世和温特图尔,1843 年）中，赫斯匿名发表了三篇文章:《社会主义和共产主义》、《行动哲学》和《唯一的和完全的自由》。但前两篇曾注明:“《欧洲的三头政治》一文作者执笔”。——序言第 2 页。

8 请参看《马克思恩格斯全集》第 1 卷第 596—625 页。——序言第 2 页。

9 马克思发表在《德法年鉴》上的给卢格的信以及《论犹太人问题》和《黑格尔法哲学批判导言》这两篇文章，至少探讨了《经济学—哲学手稿》——《政治和政治经济学批判》——的内容中所包含的如下一些基本原理：要求无情地批判现存的世界，认为这是建立新世界的最重要的前提之一；号召对政治进行批判，号召在政治上采取一定的党性立场，从而使理论同现实斗争密切地结合起来；揭示了资产阶级社会中的金钱拜物教的本性，指出金钱是从人异化出去的人的劳动和存在的本质；提出了资本主义条件下人从自身和从自然界异化出去的问题；对卡贝、德萨米、魏特林等人所宣扬的那种空想的（“当时的”）共产主义做了批判的评价；强调消灭资本主义私有制是彻底的社会革命（“全人类的解放”）的主要目的和内容；论述了无产阶级，作为负有消灭私有制的使命的、定将成为对社会进行革命改造的“心脏”即基本动力的阶级，将随着资本主义的发展而形成和提高。——序言第2页。

10 L.Feuerbach.《Grundsätze der Philosophie der Zukunft》.Zürich und Winterthur，1843（路·费尔巴哈：《未来哲学原理》，苏黎世和温特图尔，1843年）。

路·费尔巴哈的《关于哲举改造的临时纲要》一文刊载在《德国现代哲学和政论界轶文集》（《Anekdota zur neuesten deutschen Philosophie und Publicistik》）第2卷上。这个两卷本的文集，除了其他作者的著作以外，还收入了马克思的《评普鲁士最近的书报检查令》一文。收入这个文集的《路德是施特劳斯和费尔巴哈的仲裁人》一文，直到不久前还认为是马克思写的，实际上却是路·费尔巴哈写的。——序言第2页。

11 马克思在这里指的是费尔巴哈的整个唯物主义观点。费尔巴哈本人称这种观点为“自然主义”和“人本主义”或“人本学”。这种观点发挥了这样一个思想，即新的亦即费尔巴哈的哲学，把人作为自然界的不可分离的一部分，当作自己的唯一的和最高的对象。费尔巴哈认为，这样的哲学即人本学包含着生理学，并将成为普遍的科学；他断言，把现实的、物质地存在着的东西神化，是新时代的本质；新哲学的本质则在于否定神学，确立唯物主义、经验论、现实主义、人本主义。——序言第3页。

12 马克思的这个想法在他写了这篇《序言》以后不久，就在他和恩格斯合写的《神圣家族，或对批判的批判所做的批判》（参阅《马克思恩格斯全集》第2卷）一书中实现了。——序言第6页。

13 马克思把第一手稿的各页都分成并列的三栏，分别加上《工资》、《资本的利润》和《地租》这样的标题。每一栏都按照所标的题目写得满满的。但是这种分三部分论述的体例没有贯彻到底，最后实际上失去了任何意义。马克思所加的三个标题相当于资产阶级政治经济学的三个范畴，而按照亚当·斯密的学说，这三个范畴则是当时资产阶级社会的三个基本阶级——工人阶级、工业资产阶级和土地所有者——的三种收入形态。——第1页。

14 "光杆的人"（simple humanite）这个词引自亚当·斯密的主著《国富论》第1卷（第8章）。马克思在这里以及以下的所有引文都引自热尔门·加尔涅所译的、1802年在巴黎出版的法译本《Recherches sur la nature et les causes de la richesse des nation》（《国民财富的性质和原因的研究》，简称《国富论》）。"光杆的人"这个词见于该书第1卷第138页。——第2页。

15 引自斯密的著作第2卷（第1篇第11章）第162页。——第4页。

16 引自斯密的著作第1卷（第1篇第9章）第193页。——第7页。

17 同上书第1卷（第1篇第8章）第159—160页。斯密在这里说："如果一个社会的大多数成员都是贫困和不幸的，那么这个社会也不可能是幸福和繁荣的。”——第 7 页。

18 **复利**是一种不仅按照本金，而且也按照定期加到本金上去的利息来计算的利息。因此，本金是像几何级数的项那样增长的，例如：2×2=4×2=8×2=16 等等。——第 7 页。

19 在第一手稿第 VII 页上，同以前各页不同，马克思在所有的三栏里都论述《工资》这个主题。在第 VIII 页上，论述了两个主题：在左面的第一栏里论述《工资》，而在右面第二栏里论述《资本的利润》。——第 8 页。

20 W. Schulz. 《Die Bewegung der Production. Eine geschichtlichstatistische Abhandlung zur Grundlegung einer neuen Wissenschaft des Staats und der Gesellschaft》. Zurich und Winterthur, 1843（威·舒耳茨：《生产的运动。关于近代国家学和社会学原理的历史的—统计的研究》，苏黎世和温特图尔，1843 年）。——第 12 页。

21 C. Pecqueur. 《Théorie nouvelle d'économie sociale et politique, ou Études sur l'organisation des sociétés》. Paris，1842（康·斐柯尔：《社会经济和政治经济的新理论，或关于社会组织的研究》，巴黎，1842 年）。——第 15 页。

22 Ch.Loudon. 《Solution du problème de la population et de la subsistanse》. Paris，1842（查·劳顿：《人口和食物问题的解决办法》，巴黎，1842 年）。——第 16 页。

23 E. Buret. 《De la misère des classes laborieuses en Angleterre et en France》. T. I. Paris，1840（欧·毕莱：《论英法工人阶级的贫困》，第 1 卷，巴黎，1840 年）。——第 16 页。

24 J. B. Say. 《Traité d'economie politique》. Troisième edition. T.I-II.

Paris，1817（让 · 巴 · 萨伊：《政治经济学概论》，第 3 版，第 1—2 卷，巴黎，1817 年）。——第 21 页。

25 这一整段不是属于亚当 · 斯密的，而是属于《国富论》一书的法译者热尔门 · 加尔涅的。——第 22 页。

26 马克思在这个地方转述了亚当 · 斯密在他的主要著作《国富论》中所表述过的关于竞争具有良好作用的思想。斯密认为，假如资本分别掌握在二十个商人的手里，那么他们之间就会发生竞争，而这将给消费者和生产者都带来直接的利益，因为这时各个商人都不得不比在一两个人垄断整个部门时卖得贱些和买得贵些。按照斯密的意见，各个资本之间加剧的竞争，将促进劳动报酬的提高，但并不降低利润。在对劳动力的需求日益增长和资本家之间实行竞争的情况下，资本家必然要破坏不得提高工资这一"天然协议"。——第 28 页。

27 这一整段，包括李嘉图的《政治经济学及赋税原理》一书和西斯蒙第的《政治经济学新原理》一书的引文，都是从下述一书摘引来的：E. Buret.《De la misère des classes laborieuses en Angleterre et en France》.T.I. Paris，1840，P. 6—7（欧 · 毕莱：《论英法工人阶级的贫困》，第 1 卷，巴黎，1840 年，第 6—7 页）。——第 37 页。

28 马克思指的是斯密关于决定工作者的成败和工资的大小的那些因素的一段议论。在这些因素中包括有"成功的可能性或不可能性"。例如，斯密说道："送子去学鞋匠，无疑他能学会制鞋技术；但若送子去学法律，那么精通法律并能靠这个职业吃饭的可能性至少是二十对一。就完全公平的彩票说，中彩者应得到落彩者所失之全部。就成功者一人而不成功者二十人的职业说，这成功的一人应得到不成功者二十人应得而未得之全部。"——第 41 页。

29 马克思在这里援引的是亚当·斯密的这样一个论点，按照这个论点，居民对某种大众消费品如马铃薯的需求的增长，这种产品的消费者人数的增加，即使这种产品是从中等土地上收获的，也将使租地农场主在补偿了基本建设开支和养活劳动力的开支以后仍有巨额的盈余。而这种盈余的一大部分则将归于土地所有者。因此得出结论说：随着人口数目的增长，地租也将提高。——第 48 页。

29a 马克思在这里表述的是从所谓现代政治经济学的代表、首先是李嘉图的论述的全部上下文得出的关于土地所有者（他根据作为基本生产资料的土地的所有权，可以不劳动而获得地租）和租佃者（在资本主义的工场手工业时代和工厂生产初期是占英国人口颇大部分的农产品生产者）之间的关系的结论。亚当·斯密则追随重农主义者，还在论证土地所有者和社会的利益的所谓一致性。——第 51、87 页。

30 手稿的第 XIII—XVI 页各分为两栏，分别论述了《工资》（第 XIII—XV 页）、《资本的利润》（第 XIII—XVI 页）和《地租》（第 XVI 页）。所以《地租》是在第 XII 页之后直接接着第 XVI 页的。——第 53 页。

31 这段话很可能说的是把宗法制私有地产关系加以理想化的西斯蒙第的小资产阶级观点。——第 55 页。

32 “唯利是图的买卖”这个术语的原文是“Verschacherung”这个难译的词。当时的社会批判性的著作，按照导源于傅立叶的传统，都把私人商业以及一切市场交易一概蔑视为卑鄙丑恶的勾当。在这里以及在《经济学—哲学手稿》的其他地方，可以看出马克思的先驱者在论述商业方面对马克思的某种（至少在术语上）影响。——第 55 页。

33 这个结论在当时的社会批判性著作中相当流行。例如，魏特林在他的《和谐与自由的保证》一书中就曾写道：“正像在修建土堤时要产生土坑一样，在积累财富时也要产生贫穷。”——第 65 页。

34 马克思在手稿中往往并列使用两个术语“Entfremdung”（异化）和“EntäuBerung”（外化）来表示异化这一概念。一般地说，这两个同义的概念在俄文中完全可以用一个词“отчуждение”（异化）来表达。但是马克思在这个手稿里有时把“EntäuBerung”这个术语用于另一种意义，例如，用于表示活动的交换，从一种状态向另一种状态的转化，获得，也就是说，用于表示那些并不意味着敌对性和异己性的关系的经济和社会现象。除了“Entfremdung”这个术语外，马克思还使用“Selbstentfremdung”（直译是“自我异化”）这个术语。他用这个术语来表示：工人在资本主义基础上的活动、劳动，是回过头来反对工人自己的、不以工人为转移的和不属于工人的活动。——第 65 页。

35 马克思在这里以改造过的形式转述了把宗教看作人的本质之异化的费尔巴哈的一个论点。费尔巴哈在他的《基督教的本质》这一著作中曾经论证说，由于属人的东西只有在属神存在者的观点中才是积极的，所以作为意识之对象的人的观点就只能是消极的。为了使上帝富有，人就必须赤贫；为了使上帝成为一切，人就必须成为乌有。人在自身中否定了他在上帝身上加以肯定的东西。——第 66 页。

36 这里所表述的思想是跟费尔巴哈的论点有相似之处的。费尔巴哈认为宗教和唯心主义哲学是人的存在及其精神活动的异化。费尔巴哈写道，上帝作为对人说来的某种至高的、非人的东西，乃是理性的客观本质；上帝和宗教就是幻想的客观本质。他还写道，黑格尔逻辑学是主体的活动，是主体的被窃取了的思维，而绝对哲学则使人自身的本质、人的活动从人异化了。——第 69 页。

37 马克思在这一段和下一段里利用了费尔巴哈的一些术语，并且创造性地吸收了他的一些思想：人把他的“类的本质”、他的社会性质异化在宗教中；宗教以人跟动物的本质区别为基础，以意识为基础，而意识严格说来只有在存在物的类成为存在物的对象、本质的地方才存在；人不像动物那样是单个的存在物，而是普遍的、无限的存在物。——第 71 页。

38 **类，类的生活，类的本质**——都是费尔巴哈的术语，用以表示人、真正人的生活这些概念。真正人的生活以友谊和德善的关系为前提，即以爱为前提，认为这些都是类的自我感觉或对于个人属于人群这一点的能动意识。费尔巴哈认为，类的本质使每个具体的人能够在无限多样的个人中间实现自己。费尔巴哈也承认人们之间现实存在着利益的相互敌对关系，但是他认为这种相互敌对关系不是来自阶级社会的历史上现实的条件，即资产阶级社会的经济生活条件，而是来自人的真正的即类的本质的异化，来自人对于大自然本身所预先决定了的、和谐的、类的生活的人为的而决不是不可避免的放弃。——第 73 页。

39 这里表述的是马克思批判蒲鲁东在他的名著《什么是所有权？》中所论述的资本主义关系基础上的“平等”概念时所持的基本论点。蒲鲁东的空想的、改良主义的、小资产阶级的方案规定，私有财产要为“公有财产”所代替，而这种所谓“公有财产”将以平等的小占有的形式，在“平等”交换产品的条件下掌握在直接生产者手中。这实际上就是均分私有财产。蒲鲁东是这样设想交换的“平等”的，即“联合起来的劳动者”总是得到同等的工资，因为在相互交换他们的产品的情况下，即使产品实际上是不同等的，但是每个人得到的仍然将是相同的，而一个人多于另一个人的产品的余额仍将处于交换之外，不会成为社会的财产，从而完全不会破坏工资的平等。马克思说，在蒲鲁东的理论中，社会是作为抽象的资本家出现的。这指的是蒲鲁东没有考虑到即使在小（“平等”）占有制度下也仍然起作用的商品生产的现实矛盾。不久后，马克思在《神圣家族》中表述了这样一个结论：蒲鲁东要在经济异化范围内来克服经济异化，这也就是说，他实际上根本没有克服它。——第 80 页。

40 马克思的第二手稿的第 XL 页是从这几个字开始的。这句话的开头，以及第二手稿的前三十九页都没有保存下来。——第 84 页。

41 指 1834 年英国议会通过的新济贫法。这个法律只允许一种救济贫民的方式——把他们安置在实行监狱制度的习艺所中。济贫法的主要目的之一就是为企业主雇用劳动力创造最有利的条件。恩格斯在《英国工人阶级状况》这一著作中对济贫法和根据济贫法所建立的习艺所做了详细的评述（参看《马克思恩格斯全集》第 2 卷第 576—582 页）。——第 85 页。

42 《法国和勃拉班特的革命》(《Révolutions de France et de Brabant》)——周刊，实际上是雅各宾党人卡米尔·戴穆伦连续出版的一些小册子；从 1789 年 11 月到 1791 年 7 月在巴黎出版。——第 90 页。

43 正像下文那个可能是对第二手稿的第 XXXIX 页的补充一样，这里也大概是对已经轶失的一页的补充。——第 95 页。

44 **“开明的国民经济学”**首先是同亚当·斯密的名字连在一起的。继恩格斯之后，马克思也把亚当·斯密称为国民经济学这门科学的改革者、“路德”。马克思正确地认为，“开明的国民经济学”在经济思想的发展上是比货币主义和重商主义（两种较早的经济学说和相应的经济政策形式）更高的阶段。这两种体系（更确切地说，是实质上同一个体系的两个分支）的目标是追求货币收支的顺差（货币主义）或对外贸易的出超（重商主义）。两者都不外是为了货币而积累货币；不惜任何代价来获得货币，贮藏货币实际上被宣布为最高目的和目的本身。重商主义者像偶像崇拜者和拜物教徒那样对待货币这种财富的特殊形式，而用马克思的话来说，这种财富的特殊形式是“只能以外在的方式加以保存和确立的”。同时，这两种体系的信奉者不重视生产本身，没有看到生产的发展是社会财富的基础。只有“开明的国民经济学”才承认生产、劳动是自己的主要原则或基本原理。——第 95 页。

45 参看恩格斯：《政治经济学批判大纲》（载《马克思恩格斯全集》第 1 卷第 596—625 页）。——第 96 页。

46 黑格尔曾在他的《逻辑学》中对“**对立**”和“**矛盾**”做了如下的区分：在**对立**中，两个方面的关系是这样，即其中的每一个方面都为另一个方面所规定，因此它们都只是环节，但同时每一个方面也为自身所规定，并因此具有独立性；相反地，在**矛盾**中两个方面的关系是这样，即每一个方面都在自己的独立性中包含着另一个方面，因此两个方面的独立性都是被排斥了的。——第 100 页。

47 沙利 · 傅立叶在他关于未来世界亦即所谓协作制度的空想中，违反经济发展的现实趋向和政治经济学的基本原理（他对政治经济学抱着极端否定的态度，认为是一门错误的科学），断言在“合理制度”的条件下，工业生产只能被当作对农业的补充，当作在漫长的冬闲季节和倾盆大雨时期“避免发生意志消沉的一种手段”。他还断言，上帝和大自然本身确定，协作制度下的人只能为工业劳动拿出四分之一的时间，工业劳动只是辅助农业和使农业多样化的作业。——第 101 页。

48 圣西门在《工业家问答》（《Catéchisme des industriels》，巴黎，1824 年）

这一著作中阐述了这些论点。——第 101 页。

49 马克思在这里所说的“共产主义”是指法国的巴贝夫、卡贝、德萨米，英国的欧文和德国的魏特林所创立的空想主义的观点体系。马克思只是在《神圣家族》中才第一次用“共产主义”这个名词来表示自己的观点。——第 101 页。

50 马克思在这里所说的共产主义的最初的形式，大概首先指的是在 1789—1794 年法国革命影响下形成的巴贝夫及其拥护者关于“完全平等”的社会和在“国民公社”排挤私人经济的基础上实现这种社会的空想主义观点。虽然这种观点也表现了当时无产阶级的要求，但整个说来这种观点还带有粗陋的平均主义的性质。——第 101 页。

51 马克思的这段话十分可能是针对着卢梭的。卢梭及其信徒认为没有受到教育、文化和文明侵害的状态对人来说才是自然的。马克思则认为这种状态是违反自然的。卢梭在《论科学和艺术》、《论人间不平等的起源和原因》等著作中阐述了他的上述论点。——第 103 页。

52 马克思在这里是用费尔巴哈的术语来表述自己的辩证唯物主义的共产主义观点的，这种观点提供了“历史之谜的解答”，换句话说，也就是从建立在私有制之上的社会的客观矛盾的发展中得出了共产主义必然要实现的结论。——第 105 页。

53 指欧文对一切宗教的批判观点。用欧文的话来说，宗教给人以可怕的和可悲的前提，在社会中造成人为的敌对；欧文指出，宗教的偏狭性是达到普遍的和谐和快乐的直接障碍；欧文认为任何宗教观念都是极端的谬误。——第 106 页。

54 **拥有**（“Haben”）这个范畴见于莫·赫斯的一些著作，特别是收入文集《来自瑞士的二十一印张》中的《行动哲学》一文（参看注 7）。

赫斯在该文中写道：“导致拥有欲的正是存在欲，亦即作为特定的个人、有限的自我、无常的存在物要求继续保存下去的欲望。另一方面，导致存在和拥有的则是一切规定性的否定、抽象的自我和抽象的共产主义，是空洞的‘自在之物’、批判主义和革命，以及没有得到满足的应有（Sollen）的结果。这样，助动词就变成了名词。”

还请参看《马克思恩格斯全集》第2卷第51—52页。——第114页。

55 费尔巴哈把自己的认识论叫作**心理学**。看来马克思在这里所用的这个术语也是这个意思。——第114页。

56 **地球构造学**（Geognosie）是十八和十九世纪时对记载地质学的通用的称呼。——第117页。

57 Generatio aequivoca——马克思是作为法文的 génération spontanée 的同义词来使用这个用语的，照字面直译就是自然发生的意思。恩格斯在《自然辩证法》中也曾谈到 generatio aequivoca——生命通过自然发生而产生（参看《马克思恩格斯全集》第20卷第640—641页）。——第117页。

58 这里是马克思对詹·穆勒的马尔萨斯主义人口论观点的批判。参看詹·穆勒的《政治经济学纲要》(《Élémens d'économie politique…》)，巴黎，1823年，第59页。那里是这样写的：“只要对那些因轻率和生养了众多的子女而陷入贫困和依赖地位的人公开加以严厉的谴责，而对那些因聪明的自我克制态度得免于穷困和堕落的人报以公开的赞扬，也许就足够了。”(据马克思在他的《詹姆斯·穆勒。政治经济学纲要。J.T.帕里佐译。巴黎，1823年》一书摘要中的德译文；载《马克思恩格斯全集》1932年柏林德文版，第1部分，第3卷，第523—524页）。——第129页。

59 Destutt de Tracy.《Elemens d'idéologie》. IV-e et V-e parties. Traité de la

volonté et de ses effets. Paris，1825，PP. 68、78（德斯杜特·德·特拉西：《观念学原理》。第 4 和第 5 部分。《论意志及其作用》，巴黎，1826 年，第 68、72 页）。——第 140 页。

60 引自亚当·斯密的《国富论》，巴黎，1802 年，第 1 卷第 29—46 页；第 2 卷第 191—195 页。——第 140 页。

61 引自让·巴·萨伊的《政治经济学概论》，第 3 版，巴黎，1817 年，第 1 卷第 300、76—77 页和第 2 卷第 6 和第 465 页。——第 141 页。

62 F. Skarbek.《Théorie des richesses sociales》. Seconde edition. T. I. Paris，1839，pp. 25—27,75,121—132（弗·斯卡尔倍克：《社会财富的理论》，第 2 版，第 1 卷，巴黎，1839 年，第 25—27、75、121—132 页）。引文的最后一个命题是对斯卡尔倍克在该书第 121—132 页上所论述的思想的概括。——第 141 页。

63 引自詹姆斯·穆勒前引书第 7、11—12 页。——第 143 页。

64 请参看歌德《浮士德》，第 1 部，第 4 场：《书斋》。——第 147 页。

65 莎士比亚《雅典的泰门》，第 4 幕，第 3 场。——第 149 页。

66 指马克思的手稿中写在这些字前面的那一篇的结束部分。那一篇在本版中（因为马克思在《序言》中称之为自己的著作的“结束语”的关于黑格尔的一章移到了最末尾）以编者所加的《私有财产和共产主义》这一标题刊印在前面。——第 154 页。

67 指布·鲍威尔的三卷本著作《对观福音作者的福音史批判》（《Kritik der evangelischen Geschichte der Synoptiker》），第 1—2 卷，莱比锡，1841 年；第 3 卷，布伦瑞克，1842 年。在宗教史著作中，通常把收入《新约》圣经的前三部内容相近的福音书（《马太福音》、《马可福音》和《路加福音》）称为对观福音。这三部福音书即对观福音的相近，表现在它们叙述的顺序是一致的，彼此互相抄袭，许多史料是共同的，用词和术语也不约而同。——第 154 页。

68 B. Bauer.《Das entdeckte Christenthum》. Zürich und Winterthur, 1843(布·鲍威尔：《基督教真相》，苏黎世和温特图尔，1843 年）。——第 154 页。

69 B. Bauer. 《Die gute Sache der Freiheit und meine eigene Angelegenheit》. Zürich und Winterthur，1842（布 · 鲍威尔：《自由的正义事业和我自己的事业》，苏黎世和温特图尔，1842 年）。——第 155 页。

70 指的是青年黑格尔分子在《文学总汇报》（《Allgemeine Literatur-Zeitung》）上发表的言论。——第 155 页。

71 马克思在这里转述了费尔巴哈在他的《未来哲学原理》一书第 29—30 节中对黑格尔所做的批判的考察。——第 158 页。

72 “对意识的对象的克服”的八点表述几乎是逐字逐句地从黑格尔的《精神现象学》的最后一章《绝对知识》摘录下来的。——第 168 页。

73 费尔巴哈称自己的哲学观点为自然主义和人本主义，同时却总是避讳唯物主义这个术语。这显然表明他不同意先前英法两国的唯物主义的某些原理，特别是不同意抽象性和把感性视为知识的基础和唯一泉源的感觉论。马克思在这里说的是费尔巴哈以前的唯物主义哲学形式；他赞同费尔巴哈对这些唯物主义哲学形式所抱的不满，认为不是旧唯物主义，也不是唯心主义，而是费尔巴哈的哲学即自然主义、人本主义，才能够理解世界历史的秘密。——第 170 页。

74 马克思所论述的关于人是直接的和能动的自然存在物的论点，基本上是以费尔巴哈针对宗教唯心主义和哲学唯心主义所阐发的下述原理为依据的：把人看作是自然界的特殊的、有意识的存在物；外在对象的性质规定本质；一切存在物、一切本质必定具有对象的性质；存在于感性存在物之外的其他物是感性存在物的生存所必需的（如空气之于呼吸，水之于喝，光之于观看，动植物食品之于吃，等等）。——第170页。

75 “受动的”（“Leidend”）这个术语来自费尔巴哈。费尔巴哈对这个术语的解释跟马克思一样，认为是周围环境、外部世界对人发生作用的一种表现形式和方式。费尔巴哈说，只有感受痛苦和缺乏的存在物才是必然的存在物；没有需要的存在是多余的存在；只有受动的东西才值得存在。跟费尔巴哈不同，马克思对“受动的”这一经验的原则做了极其重要的改造和扩大，使之包括了社会实践，即人为了掌握和改造外部世界而进行的有意识的和有目的的活动。——第170页。

76 费尔巴哈在他的《未来哲学原理》这一著作的第30节中说：“黑格尔是一个在思维中**超越**自身的思想家。”——第175页。

77 马克思是在依据费尔巴哈并且利用费尔巴哈的术语来批判黑格尔的论点。例如，费尔巴哈在他的《关于哲学改造的临时纲要》中写道：在黑格尔看来，思维就是存在、主词，而存在同时又是宾词；逻辑学是他所特有的那种形式的思维，是作为无宾词的主词的思想，或者是既是主词又是自己的宾词的思想；黑格尔只是在思维中把客体看作是能思维的思想的宾词。“在**自身内部**的纯粹的、**不停息的**旋转”这个说法，看来是黑格尔《逻辑学》中的“全神贯注于自身的圆圈”、“圆圈的圆圈”等说法的同义异词。——第181页。

78 这里和下文均引自 G.W. F. Hegel. 《Encyclopädie der philosophischen Wissenschaften im Grundrisse》. Dritte Ausgabe. Heiderberg，1830（乔·威·弗·黑格尔：《哲学全书纲要》，第3版，海得尔堡，1830年）。——第183页。

译后记

《1844年经济学—哲学手稿》是马克思在巴黎时期写的，时间当在1844年4月至8月。它在马克思生前没有问世。直到1927年和1929年，它的一部分才相继收入《马克思恩格斯文库》俄文版第3卷和《马克思恩格斯全集》俄文第1版第3卷，标题均为《〈神圣家族〉的准备著作》，但几乎没有受到人们的注意。1932年，它在阿多拉茨基主编的《马克思恩格斯全集》德文版第3卷上全文发表，并且第一次加上了《经济学—哲学手稿（1844）》这一标题。

从《序言》看，《手稿》是马克思的一部未完成的独立著作。它批判了资产阶级政治经济学、资本主义社会制度和黑格尔唯心主义哲学，阐述了辩证唯物主义和历史唯物主义世界观的一些基本原理，代表着马克思主义的三个基本组成部分形成过程中的一个阶段。特别是把异化问题跟政治经济学的研究结合起来，是马克思思想发展上的一次飞跃。因此，尽管《手稿》不是一部完整的著作，却是马克思的卓越作品之一。马克思在《手稿》中所阐发的思想，不仅直接为《神圣家族》和《德意志意识形态》，而且也在某种意义上为《资本论》做了理论上的准备。

但是，《手稿》中所包含的新的、革命的内容，还是用传统的、特别是费尔巴哈的哲学术语来表述的，如“人的本质”、“类”、“异化”等等。而由于这些术语并不完全符合于它们所具有的新内容，这就在某种程度上模糊了这些内容。自从三十年代《手稿》问世时起，形形色色的资产阶级理论家就利用《手稿》的旧的术语和表达方式同崭新的革命内容之间的矛盾来歪曲马克思主义，阉割马克思主义的革命精神。其中最典型的一个手法就是极力强调《手稿》的特别突出意义，说它是“真正的马克思主义的启示录”，是马克思的成就的“顶点”等等，借以贬低和否定马克思晚期成熟著作的意义，把马克思描绘为人本主义者、存在主义者等等。因此，按照马克思主义的方法论要求，把《手稿》放到马克思主义的整个发展过程中去，从马克思成熟时期的著作的高度去对《手稿》进行科学的、历史的分析，驳斥形形色色的资产阶级理论家对马克思主义的歪曲，也是摆在我国马克思主义理论工作者面前的重要战斗任务之一。

这部译稿原来是根据《马克思恩格斯早期著作选》1956年俄文版译出的。校订时参考了德国统一社会党中央委员会直属马克思列宁主义研究院编《马克思恩格斯全集》补卷第1分册（Karl Marx-Friedrich Engels: Werke, Ergänzungsband erster Teil, Institut für Marxismus-Leninisms beim ZK der SED, Dietz Verlag, Berlin,1968），日本大月书店版《マルクス＝エンゲルス全集》第40卷，苏联外文出版社出版的英文版单行本《Economic and Philosophic Manuscripts of 1844》和苏联政治书籍出版社的《马克思恩格斯全集》1974年俄文第2版第42卷。编排次序、分段、标题基本上悉依上述德文版，但是德文版上的一些说明手稿情况的脚注，因过于繁琐，一般未予译出。此外，在译文的处理上，除了实质性的出入尽量根据德文版做了修改以外，在译者认为是属于理解和表达方式的问题的地方，则并不强求在形式上与德文原文符合，因而在某种程度上仍然保留了俄译本的一些特点。尽管译者尽了最大的努力，但因限于理论水平，势必仍会留下一些缺点和错误，希望读者不吝教正。

注释基本上是根据全集俄文第2版第42卷译出的。这是因为该版注释较多（几乎比全集德文版多一倍），提供了较多的资料，对理解原著内容可能有一定的帮助。但同时也根据全集德文版和《早期著作选》俄文版做了一些补充（包括个别词句的补充）。由于正文参考德文版做了校订，故注释中的个别措词做了相应改变，没有逐字按照全集俄文版直译。

刘丕坤

1978 年 9 月 27 日

后　记

马克思《1844年经济学—哲学手稿》是我们的父亲刘丕坤于1966年前，由《马克思恩格斯早期著作选》1956年俄文版翻译完成的。

1968年，父亲因担心这部珍贵的译稿会丢失，就让当时还在清华大学工程物理系读书的大哥，带去被分配的工作单位——山西省晋城煤矿。直至多年后大哥调回北京才把译稿完好地交还给了父亲。

1979年4月，人民出版社出版了单行本马克思《1844年经济学—哲学手稿》第1版；同年9月人民出版社出版的《马克思恩格斯全集》第四十二卷，收编了这部《1844年经济学—哲学手稿》，版权页上是这样写的："《1844年经济学—哲学手稿》是根据刘丕坤译文校订的……"

父亲刘丕坤曾在人民出版社1979年4月出版的《1844年经济学—哲学手稿》单行本的"译后记"中写道："按照马克思主义的方法论要求，把《1844年经济学—哲学手稿》放到马克思主义的整个发展过程中去，从马克思成熟时期的著作高度去对《1844年经济学—哲学手稿》进行科学的、历史的分析，驳斥形形色色的资产阶级理论家对马克思主义的歪曲，也是摆在我国马克思主义理论工作者面前的重要战斗任务之一。”

今年是中国共产党建党100周年，我们知道，中国共产党从成立那天起，就已经把马克思主义鲜明地写在了党的红色旗帜上。中国共产党始终坚持把马克思主义的基本原理同中国的具体实际相结合，不断地推进着马克思主义中国化的进程，这才是中国共产党能够历尽千辛万苦而不断发展壮大的重要原因。

在我们的父亲离世29周年之后的今天，父亲的这部译著《1844年经济学—哲学手稿》得以出版，作为子女，我们感到非常欣慰。特别是研究出版社社长赵卜慧女士、总编辑沈悦苓女士、责任编辑寇颖丹女士等同志们的热情支持和大力协助，他们提出了宝贵的建议，并付出了辛勤的劳动，为此我们诚挚地向他们表示衷心地感谢！

为配合父亲的译著出版，我们的老朋友李可染画院院长李庚先生在百忙中，特意绘制了精致的版画插图，为这本经典著作增加了阅读的理解与趣味，还有老朋友栾文驹先生热情认真地为译著的制作提供了大量实质性的帮助。在此，我们兄妹真诚地向他们表示深深地感谢！

刘东华　刘瑾华　刘新华　刘宝华

2021年2月28日

图书在版编目 (CIP) 数据

1844年经济学—哲学手稿 / （德）马克思著；刘丕坤译.
— 北京 ： 研究出版社，2021. 3（2025.11重印）
ISBN 978-7-5199-0971-0

Ⅰ. ①1… Ⅱ. ①马… ②刘… Ⅲ. ①《1844年经济学
-哲学手稿》-马克思著作研究 Ⅳ. ①A811.21

中国版本图书馆CIP数据核字(2021)第052786号

出 品 人：陈建军
出版统筹：丁　波
责任编辑：寇颖丹

1844年经济学—哲学手稿
1844NIAN JINGJIXUE —ZHEXUE SHOUGAO
[德]卡尔·马克思　著　　刘不坤　译
研究出版社 出版发行
（100071　北京市丰台区右外西路2号中国国际出版交流中心3号楼8层）
北京云浩印刷有限责任公司印刷　新华书店经销
2021年4月第1版　2025年11月第4次印刷
开本：880毫米×1230毫米　1/32　印张：7
字数：120千字
ISBN 978-7-5199-0971-0　定价：52.00元
电话（010）59901918（发行部）　59901958（总编室）

版权所有•侵权必究
凡购买本社图书，如有印制质量问题，我社负责调换。